Arzthaftpflicht und ärztliches Handeln

Arzthaftpflicht und ärztliches Handeln

von Ulrich Baur
und Rainer Hess

Aesopus Verlag

Anschriften der Verfasser:

Dr. Ulrich Baur
Justitiar des Verbandes der leitenden Krankenhausärzte Deutschlands
Tersteegenstraße 9
4000 Düsseldorf 30

Dr. Rainer Hess
Justitiar der Kassenärztlichen Bundesvereinigung und Bundesärztekammer
Haedenkampstraße 3
5000 Köln-Lindenthal

ISBN 3-87949-074-0

© 1982 by Aesopus Verlag GmbH, Basel, Wiesbaden.
Alle Rechte, insbesondere das der Übersetzung in fremde Sprachen, vorbehalten.
Nachdruck, auch auszugsweise, nur mit ausdrücklicher Genehmigung des Verlages.

Gesamtherstellung: Wiesbadener Graphische Betriebe GmbH, Wiesbaden

Inhaltsverzeichnis

1. **Einleitung** 7
   - 1.1 Sachstand 8
   - 1.2 Abgrenzung von Strafrecht und Zivilrecht 11
     - 1.2.1 Der Heileingriff als Körperverletzung 11
     - 1.2.2 Körperverletzung als Straf- und Haftungstatbestand 12
     - 1.2.3 Körperverletzung durch Unterlassen und unterlassene Hilfeleistung 13
     - 1.2.4 Haftung aus unerlaubter Handlung und aus Vertrag 15

2. **Materiell-rechtliche Haftungsgrundlagen** 17
   - 2.1 Behandlungsvertrag 17
     - 2.1.1 Rechtsnatur des Behandlungsvertrages 18
     - 2.1.2 Vertragspartner des Behandlungsvertrages 19
     - 2.1.3 Haftungsgrundlagen 22
     - 2.1.4 Haftung für eigenes Verschulden 24
     - 2.1.5 Haftung für verfassungsmäßig berufene Vertreter 26
     - 2.1.6 Haftung für fremdes Verschulden 27
     - 2.1.7 Haftungsumfang 28
     - 2.1.8 Ergebnis 30
   - 2.2 Deliktische Haftung 31
     - 2.2.1 Rechtsgrundlagen der Haftung 31
     - 2.2.2 Haftung für eigenes Handeln 32
     - 2.2.3 Haftung für Handeln von Verrichtungsgehilfen .. 37
     - 2.2.4 Haftung für Amtspflichtverletzung 39
     - 2.2.5 Umfang der deliktischen Haftung 41
     - 2.2.6 Ergebnis 45

3. **Besondere Ausprägung des materiellen Haftungsrechts bei ärztlichen Behandlungsfehlern durch die Rechtsprechung** 48
   - 3.1 Haftung wegen unterbliebener oder unvollständiger Aufklärung des Patienten 48
   - 3.2 Haftung wegen Organisationsverschuldens 55
   - 3.3 Haftung bei Arbeitsteilung 58
   - 3.4 Haftung wegen technischer Mängel 62
   - 3.5 Haftung wegen Verletzung der Dokumentationspflicht ... 65

4.	**Verfahrensrechtliche Abwicklung ärztlicher Behandlungsfehler..**	**68**
	4.1 Allgemeines..	68
	4.2 Möglichkeiten der Geltendmachung von Haftungsansprüchen durch den Patienten	70
	4.2.1 Herausgabe von Krankengeschichten	70
	4.2.2 Staatsanwaltschaftliches Ermittlungsverfahren/Strafprozeß	72
	4.2.3 Anrufung der Gutachterkommission bei den Ärztekammern.....................................	79
	4.2.4 Zivilrechtlicher Schadenersatzprozeß............	81
	4.3 Beweislastverteilung im Arzthaftpflichtprozeß..........	87
	4.3.1 Allgemeines.................................	87
	4.3.2 Beweislast des Patienten	89
	4.3.3 Beweiserleichterung, Beweislastumkehr..........	90
5.	**Reformvorstellungen.**...................................	**93**
	5.1 Allgemeines..	93
	5.2 Gefährdungshaftung	94
	5.3 Patientenschutzversicherung	96
6.	**Schlußbetrachtung**	**100**
7.	**Anhang**	**103**
Stichwortverzeichnis		**123**

1. Einleitung

In jedem Beruf unterlaufen Berufsangehörigen gelegentlich Fehler, die zum Schadensausgleich verpflichten, wenn daraus dem Auftraggeber (Klienten, Mandaten oder Kunden) ein Schaden entsteht und ein Verschulden des Berufsangehörigen vorliegt.
Solche Schadensersatzansprüche und deren Abwicklung richten sich nach den Vorschriften des bürgerlichen Rechts und der Zivilprozeßordnung.
Dies gilt grundsätzlich auch für die aus einem Fehlverhalten des Arztes resultierenden Ansprüche des Patienten oder seiner Hinterbliebenen. Das Arzthaftungsrecht hat aber im Rahmen des bürgerlich-rechtlichen Vertrags- und Deliktsrechts eine besondere Ausprägung erfahren, die schon den Gedanken einer gesetzlichen Sonderregelung hat aufkommen lassen (vgl. Berichte zum Deutschen Juristentag 1978).
Grund hierfür sind dem Arztberuf eigentümliche Berufspflichten, die teils seit jeher im ärztlichen Berufsrecht verankert, teils durch die Rechtsprechung neu entwickelt oder auf der Grundlage des Berufsrechts weiterentwickelt worden sind.
Dabei hat sich ein Spannungsfeld zwischen ärztlicher und juristischer Auffassung über die Rechtfertigung ärztlichen Handelns aufgetan, das seinen extremen Ausdruck in Broschüren findet, die den Patienten durch Information über alle nur denkbaren Risiken eines Eingriffs unnötig in Schrecken versetzen, die der Arzt aber gegen seine eigene innere Überzeugung verwendet, weil er glaubt, nur auf diesem Wege den strengen Anforderungen der Rechtsprechung an seine Aufklärungspflicht beweiskräftig nachkommen zu können.
Ärztliches Handeln wird somit zunehmend juristisch bestimmt; kaum ein ärztlicher Kongreß ohne Vorträge über Arzthaftungsrecht, Aufklärungsanforderungen und Dokumentationsanforderungen. Im Vordergrund solcher Vorträge stehen oft Empfehlungen an den Arzt, was er zu tun hat, um im Arzthaftpflichtprozeß möglichst beweissicher dazustehen, als ob ärztliches Handeln nur oder vorrangig auf die Abwehr möglicher Schadenersatzansprüche oder Strafanzeigen ausgerichtet sein dürfte.
Das ärztliche Anliegen, in Fürsorge um den Patienten diesen vor der ihn belastenden Wahrheit zu verschonen und seine Motivation für eine dringend notwendige Behandlung nicht durch eine zu weitgehende Aufklärung zu gefährden, kommt zu kurz.
Ursache hierfür ist das von der Rechtsprechung als Rechtsgrundlage jeden ärztlichen Handelns betonte Selbstbestimmungsrecht des Patienten. Dieses Recht wird ärztlicherseits nicht·bestritten; ihm wird jedoch die ärztliche Fürsorgepflicht als zumindest ebenso wichtiges ethisches Postu-

lat gegenübergestellt. Salus aut voluntas aegroti suprema lex. Der Jurist Eberhard Schmidt hat noch das Verhältnis zwischen Ethik und Recht so definieren können: „Die Standesethik steht nicht neben dem Recht. Sie wirkt allenthalben und ständig in die rechtlichen Beziehungen des Arztes zum Patienten hinein. Was die Standesethik vom Arzte fordert, übernimmt das Recht weithin zugleich als rechtliche Pflicht. Weit mehr als sonst in den sozialen Beziehungen des Menschen fließt im ärztlichen Berufsbereich das Ethische mit dem Rechtlichen zusammen."
Auch wenn das Bundesverfassungsgericht in seiner Entscheidung vom 25. Juli 1979 (NJW 1979, 1925) feststellt: „Dies gilt heute ebenso wie ehedem", so drängt sich zumindest für den Arzt, angesichts der ihm durch die Rechtsprechung auferlegten Pflichten, die Vermutung auf, daß zunehmend das Rechtliche beginnt, das Ethische zurückzudrängen. Dabei muß allerdings zugunsten der Rechtsprechung festgestellt werden, daß oft krasses Fehlverhalten eines Arztes Ursache für die aus ärztlicher Sicht empfundene Überbetonung des Selbstbestimmungsrechts und sich daraus ergebender Rechtspflichten des Arztes war.
Es ist zu hoffen, daß die zunehmende interdisziplinäre Diskussion unter Ärzten und Juristen hilft, dieses Spannungsfeld abzubauen und zu einer sinnvollen Koordinierung zwischen ethischen Grundauffassungen des Arztes und den an ihn gestellten Rechtsanforderungen zu gelangen.
Die folgende Abhandlung stellt sich bewußt auf den Boden des geltenden Rechts und der hierzu ergangenen Rechtsprechung. Sie will hierüber informieren und nicht die Grundlagen des heutigen Arzthaftpflichtrechts anzweifeln. Dies gilt auch für die aus ärztlicher Sicht kaum verständliche dogmatische Einordnung des Heileingriffs als eine tatbestandsmäßige Körperverletzung, die nur durch wirksame, durch Aufklärung gedeckte, Einwilligung gerechtfertigt wird.
Ob eine grundlegende Änderung dieser Rechtssystematik durch Schaffung eines gesonderten Straftatbestandes der „eigenmächtigen Heilbehandlung" die Aufklärungsforderungen an den Arzt ändern würden, erscheint zumindest zweifelhaft. Eine Darstellung des de lege ferenda möglichen Haftpflichtsystems würde aber den Blick für das heute geltende Recht verstellen. Deswegen ist lediglich am Schluß dieser Abhandlung eine kurze Darstellung diskutierter Reformvorstellungen enthalten.

1.1 Sachstand

Die Vereinigten Staaten haben, was die Zahl der gerichtlichen Auseinandersetzungen über ärztliche Behandlungsfehler und die Höhe der ausge-

Einleitung

sprochenen Schadensersatzbeträge betrifft, in den letzten Jahren eine derart extreme Entwicklung erlebt, daß für die einzelnen Arztgruppen das ärztliche Haftungsrisiko kaum noch versicherbar war und die Ärzte in eine Defensivmedizin gedrängt wurden.

Diese Entwicklung dürfte auf die weitgehend fehlende soziale Absicherung der von einem Behandlungsmißerfolg Betroffenen, Eigenarten des amerikanischen Gerichtwesens, eine andersartige Beweislastverteilung und ein eigenes wirtschaftliches Interesse der gegen Erfolgshonorar tätigen Anwaltschaft am Ausgang des Verfahrens zurückzuführen sein.

Mit einer entsprechend extremen Entwicklung ist in der Bundesrepublik z. Z. nicht zu rechnen. Trotzdem ist auch hier zumindest in den vergangenen Jahren eine zunehmende Zahl an Arzthaftpflichtfällen mit zunehmend höheren Schadensrisiken festzustellen, was sich in entsprechend steigenden Haftpflichtversicherungsprämien niederschlägt.

Ursachen hierfür dürften sein

— der medizinische Fortschritt, der nicht nur bessere Behandlungschancen, sondern auch höhere Behandlungsrisiken mit sich gebracht hat,
— eine durch zu positive Darstellung neuer Behandlungsmöglichkeiten in den Medien geförderte Erwartungshaltung in den Erfolg medizinischer Eingriffe, die für den einzelnen den Mißerfolg nicht mehr als im Eingriff liegendes Risiko erkennen und akzeptieren läßt,
— eine grundsätzliche Veränderung des Patient/Arzt-Verhältnisses; die spektakuläre Darstellung von Arzthaftpflichtfällen und Prozessen in der Öffentlichkeit hat vielfach dazu geführt, daß bei Nichteintritt des gewünschten Behandlungserfolges bzw. beim Auftreten unerwünschter Nebenwirkungen sofort ein Behandlungsfehler des Arztes vermutet wird,
— die zunehmend genutzte Möglichkeit der Verlagerung des Kostenrisikos aus der Geltendmachung von Rechtsansprüchen auf Rechtsschutzversicherungen.

Die Ärzteschaft hat auf die zunehmende Zahl von Arzthaftpflichtfällen und die Kritik an den Schwierigkeiten der Beweisführung für den Patienten, der Neutralität ärztlicher Gutachter und der Vollständigkeit ärztlicher Dokumentation reagiert durch klarstellende Änderungen im Berufsrecht und die Einrichtung ärztlicher Gutachterkommissionen und Schlichtungsstellen bei den Ärztekammern zur gutachtlichen Abklärung behaupteter Behandlungsfehler.

Dies hat dazu geführt, daß in zunehmender Zahl Behandlungsfehlervorwürfe im vorprozessualen Bereich gutachtlich abgeklärt werden und, soweit dabei ein Fehlverhalten des Arztes festgestellt wird, durch die Haftpflichtversicherer reibungslos abgewickelt werden. Im Verhältnis zur Dauer staatsanwaltschaftlicher Ermittlungsverfahren und zivilrechtlicher Schadenersatzprozesse muß die heute festzustellende durchschnittliche Dauer von Gutachten- und Schlichtungsverfahren von meist weniger als einem Jahr als günstig für die Betroffenen angesehen werden.
Trotzdem ist die Zahl der eingeleiteten staatsanwaltschaftlichen Ermittlungsverfahren noch relativ hoch, obwohl nur wenige Strafanzeigen zur Erhebung einer Anklage vor dem Strafgericht führen und die Einleitung staatsanwaltschaftlicher Ermittlungen nach den Verfahrensstatuten der Gutachterkommissionen und Schlichtungsstellen ein Verfahren vor diesen Stellen ausschließt. Mag sein, daß die Strafanzeige nach wie vor deswegen erstattet wird, weil die Betroffenen oder deren Anwälte glauben, nur auf diesem Wege schnell Einsicht in die Krankengeschichte bekommen zu können. Diese Betrachtung verkennt, daß der Anwalt des Betroffenen nach der Verfahrenspraxis der Gutachter- und Schlichtungsstellen dort die von ihr angeforderten Krankenunterlagen mit Zustimmung des Arztes einsehen kann.
Für den mit einem Behandlungsfehlervorwurf belasteten Arzt sollte diese immer wieder gehörte Argumentation für die Einleitung strafrechtlicher Ermittlungsverfahren allerdings die Überlegung nahe legen, einem Anwalt oder Arzt des Vertrauens des Patienten, unabhängig vom Bestehen einer Rechtspflicht, die Einsicht in seine Aufzeichnungen zu gestatten und damit den Verdacht, belastendes Material zurückzuhalten, erst gar nicht aufkommen zu lassen.
Die Rechtsprechung neigt ohnehin dazu, aus der vom Bundesgerichtshof bereits bejahten Dokumentationspflicht im Interesse des Patienten (BGH, NJW 1978, 2337) in begründeten Fällen ein direktes Einsichtnahmerecht des Patienten — von Ausnahmefällen abgesehen — anzuerkennen.
Nach Angaben der Haftpflichtversicherer wurden 1980 ca. 6000 Ansprüche gegen Ärzte wegen eines angeblichen Behandlungs- und/oder Aufklärungsfehlers geltend gemacht. Von diesen 6000 gestellten Anträgen wurden 10—15% anerkannt, ca. 30% durch Vergleich erledigt. Nur 6—7% führten zu einem Gerichtsverfahren.
Im selben Jahr wurden an die Gutachter- und Schlichtungsstellen im Bundesgebiet ca. 2500 Anträge gestellt und mehr als 2300 Anträge

abgewickelt. Unter den erledigten Anträgen befanden sich allerdings eine Vielzahl von Anträgen, die aus Verfahrensgründen (Anhängigkeit eines Gerichtsverfahrens oder strafrechtlichen Ermittlungsverfahrens, lange zurückliegende und damit nicht mehr aufklärbare Fälle, Unzuständigkeit der angerufenen Kommission, Nichtgeltendmachung eines Behandlungsfehlers etc.) nicht zu einer fachlichen Begutachtung führen konnten. Von den begutachteten Fällen wurden in ca. 17% Behandlungsfehler gutachtlich festgestellt.

Bei den anhängig gewordenen zivilrechtlichen Schadensersatzklagen kann entsprechend früherer statistischer Auswertungen (Berichte zum Deutschen Juristentag 1978) davon ausgegangen werden, daß in etwa 10% der Fälle eine Verurteilung erfolgte und in weiteren 40% der Fälle eine vergleichsweise Schadensregulierung durchgeführt wurde.

Die Zahl der im Bundesgebiet eingeleiteten strafrechtlichen Ermittlungsverfahren und die Zahl der daraus resultierenden Strafgerichtsprozesse ist nicht bekannt. Im Lande Nordrhein-Westfalen wurden im Jahre 1980 immerhin noch 840 strafrechtliche Ermittlungsverfahren gezählt. Diese Zahl eingeleiteter Ermittlungsverfahren in Nordrhein-Westfalen entspricht in etwa der Zahl der gestellten Anträge an die beiden Gutachterkommissionen bei den Ärztekammern Nordrhein und Westfalen-Lippe.

1.2 Abgrenzung von Strafrecht und Zivilrecht

1.2.1 Der Heileingriff als Körperverletzung

Ausgehend von der ständigen Rechtsprechung des Reichsgerichts und des Bundesgerichtshofes (BGH, NJW 1972, 335) ist, zumindest für die Gerichtspraxis, davon auszugehen, daß auch der zu Heilzwecken vorgenommene ärztliche Eingriff in den menschlichen Körper tatbestandsmäßig eine Körperverletzung ist. Diese ist nur dann gerechtfertigt, wenn

a) der Eingriff durch wirksame Einwilligung nach ordnungsgemäßer Aufklärung gedeckt ist,
b) der Eingriff medizinisch indiziert und lege artis durchgeführt worden ist.

Rechtswidrige Eingriffe in den Körper sind aber nicht nur zivilrechtlich als Eingriff in ein absolut geschütztes Rechtsgut bei Verschulden mit einer Schadensersatzpflicht gegenüber dem Geschädigten verbunden; sie stehen auch unter Strafandrohung des Staates, da Körperverletzung und Tötung Straftatbestände des Strafgesetzbuches sind.

Anders als Angehörige anderer Berufe, bei denen eine Berufspflichtverletzung in aller Regel nur vermögensrechtliche und damit abgesehen von wenigen Fällen nur zivilrechtliche Konsequenzen hat, kann das Fehlverhalten des Arztes bei einem ärztlichen Eingriff auch strafrechtliche Konsequenzen haben. Dabei kommen als Straftatbestände insbesondere fahrlässige Körperverletzung und fahrlässige Tötung in Betracht, da Vorsatzdelikte praktisch ausscheiden.

Die relativ hohe Zahl der wegen angeblicher Behandlungsfehler erstatteten Strafanzeigen zeigt, daß von der Möglichkeit strafrechtlicher Ermittlungsverfahren auch Gebrauch gemacht wird, allerdings in den wenigsten Fällen mit der Zielsetzung einer Bestrafung des Arztes, sondern zum Zwecke der Sachverhaltsaufklärung durch den Staatsanwalt (vgl. oben 1.1). Nur in relativ wenigen Fällen kommt es auf Grund solcher Strafanzeigen zu einer Anklageerhebung und nur in seltenen Fällen zu einer strafrechtlichen Verurteilung. Die meisten staatsanwaltschaftlichen Ermittlungsverfahren werden eingestellt, weil kein hinreichender Verdacht auf Vorliegen einer strafbaren Handlung besteht (§ 170 StPO).

1.2.2 Körperverletzung als Straf- und Haftungstatbestand

Aus einer solchen Verfahrenseinstellung lassen sich keine direkten Schlußfolgerungen auf die Möglichkeit einer zivilrechtlichen deliktischen Haftung des Arztes ziehen, da strafrechtliche Verantwortung und deliktische Haftung unterschiedlichen Anforderungen unterliegen.

Für beide ist zwar maßgebend ein tatbestandsmäßiges Handeln, d. h. es muß sowohl im Strafprozeß als auch im Zivilprozeß dem Arzt nachgewiesen werden, daß er durch aktives Tun oder pflichtwidriges Unterlassen kausal einen Gesundheitsschaden verursacht hat. Schon die Anforderungen an den Kausalitätsnachweis sind aber unterschiedlich (dazu unten S. 23, 76).

Wiederum einheitlich für beide Bereiche wird aus der „Tatbestandsmäßigkeit" des Verhaltens die Rechtswidrigkeit gefolgert, wenn nicht Rechtfertigungsgründe bestehen.

Bei einem ärztlichen Heileingriff ist der Rechtfertigungsgrund für Straf- und Zivilrecht die Einwilligung des Patienten, die ihrerseits aber ordnungsgemäße Aufklärung erfordert (dazu unten 3.1) und die ein fehlerhaftes ärztliches Verhalten selbstverständlich nicht decken kann (dazu unten S. 35/36).

Einleitung 13

Der wesentliche Unterschied zwischen deliktischer Haftung und strafrechtlicher Verantwortung liegt aber in den Anforderungen an das Verschulden bzw. an die Schuld. Abgesehen von den gesetzlich geregelten Fällen einer Gefährdungshaftung setzt die deliktische Haftung außer Tatbestandsmäßigkeit und Rechtswidrigkeit ein „Verschulden" voraus.
Verschulden kann im vorsätzlichen und fahrlässigen Verhalten liegen (§ 276 BGB). Fahrlässiges Verhalten bedeutet Außerachtlassen der im Verkehr *erforderlichen* Sorgfalt. Das Zivilrecht geht demnach von einem objektiven Sorgfaltsmaßstab (im einzelnen unten 2.1.4). Demgegenüber ist die für eine strafrechtliche Verantwortung neben Tatbestandsmäßigkeit und Rechtswidrigkeit nachzuweisende „Schuld" nur dann gegeben, wenn dem Beschuldigten das Außerachtlassen der gebotenen Sorgfalt subjektiv vorgeworfen werden kann. Dabei sind seine persönlichen Kenntnisse und Fähigkeiten sowie die Umstände des Einzelfalles zu berücksichtigen.
Strafrechtlich handelt ein Täter daher nur dann fahrlässig, wenn er die Sorgfalt außer acht läßt, zu der er nach den Umständen verpflichtet und nach seinen persönlichen Kenntnissen und Fähigkeiten in der Lage ist.

1.2.3 Körperverletzung durch Unterlassen und unterlassene Hilfeleistung

Eine fahrlässige Körperverletzung oder Tötung kann sowohl strafrechtlich als auch zivilrechtlich durch Unterlassen begangen werden. Dies setzt voraus, daß eine Pflicht zum Handeln bestand. Für den Arzt ergibt sich diese Pflicht in der Regel durch die Übernahme der Behandlung eines Patienten, wobei die faktische Übernahme und nicht der Abschluß eines Behandlungsvertrages bzw. dessen Wirksamkeit ausschlaggebend ist.
Besteht eine solche „Garantenstellung" des Arztes für einen Patienten und unterläßt der Arzt pflichtwidrig eine erforderliche Heilmaßnahme, so liegt nicht nur eine unterlassene Hilfeleistung nach § 323 c StGB vor, sondern für den Fall, daß dieses pflichtwidrige Unterlassen zu einem Gesundheitsschaden oder gar zum Tode führt, auch eine Körperverletzung bzw. Tötung, die bei Verschulden zum Schadensersatz und bei Schuld zur Bestrafung führt.
Der behandelnde Arzt eines Patienten, der pflichtwidrig einen Hausbesuch unterläßt und dadurch eine Verschlimmerung des Gesundheitszustandes seines Patienten verursacht, haftet daher nicht nur wegen fahrlässiger Körperverletzung auf Schadensersatz, sondern macht sich bei Vorliegen einer Schuld auch strafbar nach § 223 StGB.

Einleitung

Der Arzt, den keine solche Garantenstellung trifft, weil er nicht behandelnder Arzt des Patienten ist und auch nicht zum Notfalldienst eingeteilt ist, kann sich bei verweigerter Hilfeleistung „nur" nach § 323 c StGB wegen unterlassener Hilfeleistung strafbar machen. Auch in diesem Fall besteht aber eine Schadensersatzpflicht, da er „gegen ein den Schutz eines anderen bezweckendes Gesetz" verstoßen hat (§ 823 Absatz 2 BGB).

In der folgenden Skizze sind die wesentlichen Unterschiede zwischen Zivilrecht und Strafrecht, soweit es die deliktische Haftung und die strafrechtliche Verantwortung betrifft, in einer Übersicht zusammengestellt.

	Zivilrecht	Strafrecht
Gesetzesgrundlage	Bürgerliches Gesetzbuch	Strafgesetzbuch
Geschützte Rechtsgüter	Körper, Gesundheit, Leben, Persönlichkeitsrecht (Aufklärung)	Körper, Gesundheit, Leben
Einordnung des Heileingriffs	tatbestandsmäßige Körperverletzung, die durch rechtswirksame Einwilligung des Patienten gerechtfertigt wird	
Grundlage der Haftung oder strafrechtliche Verantwortung	ärztlicher Behandlungsfehler, der kausal einen Gesundheitsschaden verursacht oder fehlende bzw. unwirksame Einwilligung des Patienten infolge Aufklärungsfehler (unterschiedliche Kausalitätsmaßstäbe)	
Schuld- bzw. Verschuldenanforderung bei Fahrlässigkeit	Verstoß gegen die im Verkehr erforderliche Sorgfalt	Verstoß gegen die im Verkehr erforderliche Sorgfalt, deren Einhaltung vom Arzt nach seinen persönlichen Kenntnissen und Fähigkeiten erwartet werden konnte

Gesetzes-grundlage	Zivilrecht	Strafrecht
	Bürgerliches Gesetzbuch	Strafgesetzbuch
Rechtsfolge	Schadensersatz gegenüber dem Geschädigten oder Unterhaltsberechtigten	Bestrafung, in der Regel Geldstrafe, die an die Staatskasse zu zahlen ist
Zweck	Schadensausgleich, Schutz des Einzelnen vor widerrechtlichen Eingriffen in absolut geschützte Rechtsgüter	Schutz der staatlichen Rechtsordnung, Sühne als präventives Mittel zur Vorbeugung von Straftaten
Zuständige Gerichte	Zivilgerichtsbarkeit i.d.R. Landgericht (1. Instanz)	Strafgerichtsbarkeit, Amtsgericht (Schöffengericht) oder Landgericht (Große Strafkammer) (1. Instanz)
Einleitung des Verfahrens	Anspruchserhebung gegenüber Arzt oder Krankenhaus unter Einschaltung der Haftpflichtversicherung, Antrag auf Begutachtung durch Gutachter- oder Schlichtungsstelle bei der Ärztekammer, Schadenersatzklage an das Zivilgericht	Strafanzeige, staatsanwaltschaftliches Ermittlungsverfahren, Erhebung der öffentlichen Anklage beim Strafgericht oder Einstellung des Verfahrens

1.2.4 Haftung aus unerlaubter Handlung und aus Vertrag

Das Arzthaftpflichtrecht befaßt sich mit dem Ausgleich der durch ein ärztliches Fehlverhalten verursachten Schadensfolgen. Haftungsgrundlage sind dabei nicht nur die bereits angesprochenen zivilrechtlichen Delikttatbestände (§§ 823 ff. BGB), sondern auch der zwischen Patient und Arzt bzw. Krankenhausträger abgeschlossene Behandlungsvertrag.
Nach dem Deliktrecht haftet der Arzt wegen Verletzung eines geschützten Rechtsgutes (Körper, Gesundheit, Persönlichkeitsrecht) oder wegen Verstoßes gegen ein den Schutz eines anderen bezweckendes Gesetz (unterlassene Hilfeleistung).
Nach dem Vertragsrecht haftet der Arzt bzw. der Krankenhausträger als Vertragspartner für die schuldhafte Verletzung vertraglich übernommener Sorgfaltspflichten.

Deliktische und vertragliche Ansprüche stehen zueinander in „Anspruchskonkurrenz", d. h. sie können nebeneinander geltend gemacht werden und schließen sich nicht gegenseitig aus.
Zu Recht wird jedoch im juristischen Schrifttum darauf hingewiesen, daß die spezifischen Wertungen, die das Arzthaftrecht charakterisieren, sich im Hinblick auf die Art der Anspruchsgrundlage nicht unterscheiden können (Münchener Kommentar zum BGB, Rdnr 362 zu § 823 BGB und die dort angegebene Literatur).
Die Unterschiede liegen vielmehr im wesentlichen in den Vorschriften über die Haftung für das Verhalten von Mitarbeitern (Gehilfen) und dem unterschiedlichen Umfang des zu ersetzenden Schadens (insbesondere des immateriellen Schadens). Darüber hinaus können sich vertragliche und deliktische Ansprüche gegen unterschiedliche Personen richten (Krankenhausträger als Vertragspartner und Arzt als Deliktschuldner).
In dem folgenden Abschnitt werden die Grundlagen der vertraglichen und deliktischen Haftung und die sich daraus ergebenden materiell-rechtlichen Konsequenzen abgehandelt. In den Folgeabschnitten werden sodann dem Arzthaftpflichtrecht eigentümliche sich aus der Rechtsprechung entwickelte Haftungstatbestände dargestellt und das Verfahren des Arzthaftungsprozesses einschließlich der Beweislastregeln erläutert.
Am Schluß wird ein kurzer Überblick über die Diskussionen zu einer Reform des Arzthaftungsrechts gegeben.

2. Materiell-rechtliche Haftungsgrundlagen

2.1 Behandlungsvertrag

Begibt sich ein Patient in die ambulante Behandlung eines niedergelassenen Arztes oder wird er stationär in ein Krankenhaus aufgenommen, so kommt zwischen ihm und dem Arzt oder dem Krankenhausträger ein Behandlungsvertrag zustande, und zwar unabhängig davon, ob hierüber schriftliche Vereinbarungen abgeschlossen werden oder lediglich faktisch die Behandlung durch den Arzt übernommen wird.
Letzteres ist beim niedergelassenen Arzt die Regel. Bei einer Krankenhausaufnahme wird in aller Regel ein schriftlicher Behandlungsvertrag durch eine schriftliche Anerkennung der Krankenhausaufnahmebedingungen durch den Patienten geschlossen.
Bei Minderjährigen oder Geschäftsunfähigen setzt das wirksame Zustandekommen eines Behandlungsvertrages die Einwilligung des gesetzlichen Vertreters voraus. Die dem haushaltsführenden Ehepartner zustehende „Schlüsselgewalt" (§ 1357 BGB) führt dazu, daß aus dem von ihm abgeschlossenen Behandlungsvertrag auch der verdienende Ehepartner verpflichtet wird, soweit sich aus den Umständen nichts anderes ergibt (z. B. der Patient erklärt ausdrücklich, daß der Ehepartner nichts von der Behandlung erfahren soll).
Die Schlüsselgewalt erstreckt sich auch auf Vertragsabschlüsse für Kinder und andere Familienangehörige, nicht jedoch auf die Wahl einer privatärztlichen Behandlung, die nicht mehr zu den Geschäften des täglichen Lebens gehört (vgl. OLG Köln — NJW 1981, 637).
Bei der Behandlung sozialversicherter Patienten auf Krankenschein durch einen an der kassenärztlichen Versorgung teilnehmenden Arzt ist fraglich, ob ein Behandlungsvertrag zustande kommt, da sich der Sachleistungsanspruch des Versicherten auf ärztliche Behandlung nicht gegen den Arzt, sondern gegen die Krankenkasse des Versicherten richtet und der Arzt die Behandlung auf Grund seiner Verpflichtungen aus dem Mitgliedschaftsverhältnis zur Kassenärztlichen Vereinigung durchführt.
Trotz dieser Verlagerung von Rechtsansprüchen und Pflichten wird man jedoch den Abschluß eines Behandlungsvertrages in der tatsächlichen Übernahme der Behandlung durch den Kassenarzt sehen können. Für die vertragliche Haftung bedarf diese Frage keiner abschließenden Entscheidung, da § 368 d Abs. 4 RVO ausdrücklich bestimmt, daß die Übernahme der Behandlung den an der kassenärztlichen Versorgung teilnehmenden Arzt dem zu Behandelnden gegenüber „zur Sorgfalt nach den Vorschriften des bürgerlichen Vertragsrechts" verpflichtet.

Für ärztlich geleitete Einrichtungen, die an der kassenärztlichen Versorgung teilnehmen, gilt diese Verpflichtung entsprechend (§ 368 d Abs. 5 RVO. Bei der stationären Krankenhausbehandlung sozialversicherter Patienten wird ein „Vertrag zugunsten Dritter" zwischen Krankenkasse und Krankenhausträger angenommen (§ 328 BGB).

2.1.1 Rechtsnatur des Behandlungsvertrages

Nach allgemeiner Rechtsauffassung ist der Behandlungsvertrag ein Dienstvertrag und kein Werkvertrag. Der Unterschied zwischen beiden Vertragstypen besteht darin, daß der Dienstvertrag auf die sorgfältige Erbringung bestimmter Dienstleistungen gerichtet ist, ohne daß eine Erfolgsgarantie übernommen wird, während beim Werkvertrag ein bestimmtes Endprodukt bzw. Arbeitsergebnis geschuldet wird.
Der Arzt kann aber wegen der in jedem Heileingriff liegenden Risiken, die außerhalb seiner Verantwortungssphäre in der Kondition des Patienten liegen, niemals den Heilerfolg, sondern nur eine ordnungsgemäße Erbringung seiner Dienstleistung schulden. „Der Arzt kann regelmäßig nur kunstgerechtes Bemühen, nicht aber Heilerfolg (häufig nicht einmal eine objektiv zutreffende Diagnose) zusagen" (BGH, NJW 1977, 1102; 1978, 584).
Dies gilt auch für operative Eingriffe. Etwas anderes kann z. B. für die technische Erstellung einer Prothese gelten, nicht jedoch für das operative Einsetzen einer Hüftgelenkprothese.
Der Behandlungsvertrag ist zivilrechtlicher Natur, und zwar auch bei Behandlung in einem Krankenhaus in öffentlich-rechtlicher Trägerschaft (Kreiskrankenhaus, Universitätsklinik).
Etwas anderes gilt nur für die Unterbringung in einer geschlossenen Anstalt (z. B. Psychiatrisches Landeskrankenhaus), die auf Grund eines Verwaltungsaktes nach Maßgabe der Unterbringungsgesetze der Länder erfolgt. § 17 Abs. 2 Nr. 4 des zum 1. 1. 1982 in Kraft getretenen Staatshaftungsgesetzes vom 26. 6. 1981 (BGBl. I, 553) stellt ausdrücklich fest, daß ein Träger öffentlicher Verwaltung (z. B. Landkreis als Träger eines Kreiskrankenhauses) bei der ärztlichen Behandlung oder zahnärztlichen Behandlung mit Ausnahme der Behandlung, die gegen den Willen des Behandelten durchgeführt wird, nur nach den Vorschriften des Privatrechts haftet, und zwar auch für hoheitliches Verhalten.
Kommt ein Behandlungsvertrag nicht zustande, weil z. B. der Patient bewußtlos in ein Krankenhaus eingeliefert wird, so richtet sich die

ärztliche Behandlung nach den Grundsätzen der „Geschäftsführung ohne Auftrag". Der Umfang der geschuldeten ärztlichen Behandlung richtet sich dann nach dem wohlverstandenen Interesse und dem mutmaßlichen Willen des Patienten. Da die Geschäftsführung der Abwendung einer dem Patienten drohenden dringenden Gefahr dient, hat der Arzt nur Vorsatz und grobe Fahrlässigkeit zu vertreten (§ 680 BGB).

2.1.2 Vertragspartner des Behandlungsvertrages

Begibt sich der Patient ambulant in die Behandlung eines niedergelassenen Arztes (dies kann auch ein Krankenhausarzt mit genehmigter Sprechstundenpraxis sein), so besteht kein Zweifel, daß der Behandlungsvertrag zwischen dem behandelnden Arzt und dem Patienten zustande kommt. Haftungsschuldner aus dem Behandlungsvertrag ist daher der behandelnde Arzt selbst.

Begibt sich der Patient dagegen in die stationäre Behandlung eines Krankenhauses, so ist zunächst unstreitig, daß der Vertrag über die Pflege und Verpflegungsleistungen mit dem Krankenhausträger zustande kommt. Wie steht es aber mit dem Vertrag über die ärztliche Behandlung? In der Vergangenheit wurden drei Modelle diskutiert:

— Totaler Krankenhausaufnahmevertrag, d. h. der Krankenhausträger schuldet nicht nur Pflege und Verpflegung, sondern auch die ärztliche Behandlung.
— Gespaltener Krankenhausaufnahmevertrag, d. h. die Leistung des Krankenhauses beschränkt sich auf Pflege und Verpflegung (u. U. umfaßt sie auch ärztliche Assistenzleistungen). Die ärztliche Behandlung ist Gegenstand eines gesonderten Vertrages zwischen dem verantwortlichen Krankenhausarzt und dem Patienten.
— Totaler Krankenhausaufnahmevertrag mit Arztzusatzvertrag, d. h. der Vertrag mit dem Krankenhaus umfaßt auch die ärztliche Behandlung. Zusätzlich kommt aber zwischen dem verantwortlichen Krankenhausarzt und dem Patienten ein Vertragsabschluß über die persönliche Leistungspflicht und Liquidationsberechtigung zustande.

Auf Grund der heute üblichen Gestaltung von Chefarzt- und Belegarztverträgen sowie auf der Grundlage der das Krankenhausbenutzerverhältnis regelnden Bundespflegesatzverordnung (BPflVO) kann in der Regel von folgender Vertragsgestaltung ausgegangen werden:

a) Regelleistungspatienten

Nach § 3 Abs. 1 BPflVO vom 25. 4. 1973 (BGBl. I S. 333) ist für jedes Krankenhaus ein allgemeiner Pflegesatz festzusetzen, „durch den alle unter Berücksichtigung der Leistungsfähigkeit des Krankenhauses medizinisch zweckmäßigen und ausreichenden Krankenhausleistungen (allgemeine Krankenhausleistungen) abgegolten werden, einschließlich der Leistungen von nicht am Krankenhaus angestellten Konsiliarärzten sowie für Leistungen fremder, auch röntgenologischer Untersuchungsstellen".

Nimmt der Krankenhausbenutzer diese „allgemeinen Krankenhausleistungen" in Anspruch bzw. begrenzt er seine „Wahlleistungen" auf Zusatzleistungen im Pflege- und Verpflegungsbereich, so liegt ohne Zweifel ein „totaler Krankenhausaufnahmevertrag" vor. Die Ärzte werden im Rahmen dieses Vertragsverhältnisses als „Erfüllungsgehilfen" des Krankenhausträgers tätig. Vertragliche Haftungsansprüche können sich nur gegen den Krankenhausträger richten.

b) Wahlleistungspatienten

§ 6 BPflVO eröffnet dem Krankenhausbenutzer die Möglichkeit, die ärztliche Behandlung als Wahlleistung in Anspruch zu nehmen. Seine Wahl kann in diesem Falle „nicht auf einzelne liquidationsberechtigte Ärzte des Krankenhauses beschränkt werden". Sie umfaßt vielmehr diejenigen liquidationsberechtigten Ärzte, die im Rahmen der Gesamtbehandlung tätig werden.

In den Chefarztverträgen wird heute üblicherweise dem Chefarzt auch die Behandlung dieser Wahlleistungspatienten als Dienstaufgabe auferlegt. Dementsprechend wird das Liquidationsrecht aus der Behandlung dieser Patienten vertraglich als Bestandteil der Vergütung für die Wahrnehmung der Dienstaufgaben geregelt. Dies gilt zunächst nur für den angestellten Chefarzt. Ob beim beamteten Arzt diese Tätigkeit Hauptamt oder Nebenamt ist, bestimmt sich nach der jeweils geltenden Nebentätigkeitsverordnung.

Bei einer derartigen Dienstvertragsgestaltung kann ebenfalls kein Zweifel daran bestehen, daß zwischen Krankenhausbenutzer und Krankenhausträger ein totaler Krankenhausaufnahmevertrag zustande kommt. Anders als im ambulanten Nebentätigkeitsbereich werden die Chefärzte in Erfüllung ihrer Dienstaufgaben gegenüber dem Krankenhausträger tätig. Eines Arztzusatzvertrages bezüglich der Liquidationsberechtigung bedarf

es in der Regel nicht, da diese bereits in den Krankenhausaufnahmebedingungen festgelegt und vom Krankenhausbenutzer anerkannt wird.
Bei einer derartigen heute weitgehend üblichen Vertragsgestaltung ist alleiniger Vertragspartner und damit vertraglicher Haftungsschuldner der Krankenhausträger.
Kommt ein Arztzusatzvertrag z. B. über die Liquidationsberechtigung zustande, so berührt er die vertragliche Haftung durch den Krankenhausträger nicht. Es würde insoweit eine gesamtschuldnerische Haftung vom Krankenhausträger und Chefarzt eintreten.

c) Belegarztbehandlung

§ 3 Abs. 2 Satz 1 der Bundespflegesatzverordnung bestimmt ausdrücklich, daß „soweit ärztliche Leistungen von einem Belegarzt erbracht und berechnet werden, dies bei der Bemessung des Anteiles der ärztlichen Leistungen im allgemeinen Pflegesatz zu berücksichtigen ist".
Daraus ergibt sich, daß die Tätigkeit des Belegarztes nicht Bestandteil der vom Krankenhausträger geschuldeten allgemeinen Krankenhausleistungen ist, sondern außerhalb des Krankenhausbenutzerverhältnisses auf Grund eines direkten Behandlungsvertrages zwischen Belegarzt und Patienten erbracht wird.
Damit entsteht ein gespaltener Krankenhausaufnahmevertrag. Fraglich bleibt jedoch, wie die Leistung anderer Ärzte einzuordnen ist, die auf Belegabteilungen tätig werden. Die Formulierung des § 3 Abs. 2 Satz 1 BPflVO läßt vermuten, daß ein Teil ärztlicher Leistungen, die nicht vom Belegarzt selbst erbracht werden, im Pflegesatz und damit im Leistungsbereich des Krankenhauses verbleibt.
Andererseits ist jedoch nach den heute üblichen Belegarztverträgen (vgl. Belegarztvertragsgrundsätze der Deutschen Krankenhausgesellschaft, der Kassenärztlichen Bundesvereinigung und der Bundesärztekammer) der Belegarzt verpflichtet, im Innenverhältnis zum Krankenhausträger sämtliche Kosten des ärztlichen Dienstes zu übernehmen. Folge ist, daß er im Außenverhältnis auch die Leistungen, die der ärztliche Dienst erbracht hat, liquidiert. Sie sind damit Bestandteil seiner Dienstleistungen gegenüber dem Patienten. Damit haftet der Belegarzt dem Krankenhausbenutzer auch für die Tätigkeit des ärztlichen Dienstes, soweit er unter seiner Verantwortung und auf seine Kosten tätig wird.
Der Abschluß eines Anstellungsverhältnisses zum Krankenhaus erfolgt für diese Ärzte aus sozialversicherungsrechtlichen und arbeitsrechtlichen

Gründen. Er kann die haftungsrechtliche Zuordnung u. E. nicht tangieren. Etwas anderes gilt für Krankenhausärzte anderer Fachabteilungen, die konsiliarisch zugezogen werden oder die bei operativen Fächern die anästhesiologische Versorgung der Belegabteilung übernehmen. Insoweit hat das Bundessozialgericht in einer Entscheidung vom 7. Oktober 1981 (SGB 1982, 25) ausdrücklich klargestellt, daß die Leistungen dieser Ärzte nicht unter den Oberbegriff der belegärztlichen Leistungen subsumiert werden können, sondern grundsätzlich als Bestandteil der allgemeinen Krankenhausleistung im Pflegesatz abzugelten sind.

2.1.3 Haftungsgrundlagen

Das Bürgerliche Gesetzbuch regelt als Schadensersatzpflicht aus Vertragsverletzung ausdrücklich nur den Schadensersatz wegen Nichterfüllung und wegen Verzugs. Daneben ist aber durch Rechtsentwicklung und Gewohnheitsrecht seit langem die sogenannte „positive Vertragsverletzung" als Grundlage für Schadensersatzpflichten bei Schlechterfüllung des Vertrages anerkannt. Sie kommt u. a. auch dann zum Zuge, wenn der Schuldner vertraglich übernommene Sorgfaltspflichten verletzt.
Derartige Sorgfaltspflichten treffen den Arzt in vielerlei Hinsicht.

a) Der Arzt schuldet, wie bereits ausgeführt, eine Behandlung nach den Regeln der ärztlichen Kunst (so ausdrücklich verankert in § 368 e RVO als Inhalt des Leistungsanspruchs des Versicherten und der Pflichten des Kassenarztes). (Im einzelnen dazu unten S. 35/36.)

b) Der Arzt schuldet darüber hinaus auch nach dem Behandlungsvertrag eine Aufklärung des Patienten über die von ihm beabsichtigten diagnostischen und therapeutischen Maßnahmen, mögliche Alternativen und eingriffsbedingte Risiken und Folgen, soweit sie mit einem Eingriff typischerweise verbunden sein können.

Diese vertragliche Aufklärungspflicht resultiert primär aus der dem Arzt obliegenden Fürsorgepflicht für das gesundheitliche Wohl seines Patienten und nicht aus dem Selbstbestimmungsrecht des Patienten als Voraussetzung für die Rechtmäßigkeit eines Heileingriffes (vgl. dazu unten 3.1).

Die Aufklärung in Fürsorge um den Patienten entspricht weit mehr dem ärztlichen Selbstverständnis als die Aufklärung zur „Rechtfertigung einer Körperverletzung", rechtfertigt sie doch aus sich heraus,

Materiell-rechtliche Haftungsgrundlagen

eine Einschränkung der Aufklärung, wenn die Vermittlung der vollen Wahrheit nach der Überzeugung des Arztes dem Patienten schaden würde.

c) Der Arzt schuldet nach der Rechtsprechung des Bundesgerichtshofs und der ihr angeglichenen Berufsordnung eine ordnungsgemäße ärztliche Dokumentation und seit jeher deren Aufbewahrung im Rahmen berufsrechtlicher (in der Regel 10 Jahre) oder spezialgesetzlicher Bestimmungen.

d) Der Arzt ist auch vertraglich zur Verschwiegenheit aller ihm persönlich anvertrauten oder bekanntgewordenen Angaben über seine Patienten verpflichtet.
Er ist auf Wunsch des Patienten andererseits verpflichtet, Auskünfte gegenüber dritten Stellen zu erteilen, soweit der Patient z. B. derartige Auskünfte zur Inanspruchnahme von Versicherungsleistungen benötigt.

Voraussetzung für einen Schadenersatzanspruch wegen positiver Vertragsverletzung ist der Nachweis des Patienten, daß ihm ein Gesundheits- bzw. ein Vermögensschaden entstanden ist, der kausal auf eine Sorgfaltspflichtverletzung der genannten Art zurückzuführen ist. Die Kausalität ist zivilrechtlich dann nachgewiesen, wenn der Fehler des Arztes nach der allgemeinen Lebenserfahrung geeignet ist, einen Schaden, wie ihn der Betroffene geltend macht, herbeizuführen (Adäquanztheorie). Außergewöhnliche Kausalverläufe, mit denen niemand rechnen konnte, schließen daher schon den objektiven Haftungstatbestand aus, so daß es auf ein Verschulden des Arztes nicht mehr ankommt (anders im Strafrecht, wo das Korrektiv für außergewöhnliche Kausalverläufe erst bei der Prüfung der Schuld erfolgt).

Beispiel:

Der behandelnde Hausarzt ordnet aus Bequemlichkeit die Einweisung eines Patienten in ein Krankenhaus an, obwohl er selbst in der Lage gewesen wäre, die Krankheit zu behandeln.
Der Krankenwagen wird in einen Verkehrsunfall verwickelt, bei dem der Patient verletzt wird.
Die fehlerhafte Anordnung des Arztes ist ursächlich für diese Verletzung. Mit diesen Folgen brauchte der Arzt aber nach allgemeiner Lebenserfahrung nicht zu rechnen (anders vielleicht bei einem Transport im Notarztwagen unter Blaulicht wegen des erhöhten Unfallrisikos).

2.1.4 Haftung für eigenes Verschulden

Nach den Grundsätzen der „positiven Vertragsverletzung" haftet der Vertragspartner des Patienten bei schuldhafter Verletzung vertraglicher Pflichten auf Schadensersatz. Er hat, sofern nicht anderes bestimmt ist, Vorsatz und Fahrlässigkeit zu vertreten.

Vorsätzlich würde der Arzt oder Krankenhausträger als Vertragspartner des Patienten handeln, wenn er diesen bewußt und gewollt schädigen wollte.

Angesichts der Aufgabenstellung des Krankenhauses und der ethischen Grundeinstellung aller Gesundheitsberufe scheidet diese Schuldform für die vertragliche und deliktische Haftung praktisch aus.

Fahrlässig handelt, wer die im Verkehr erforderliche Sorgfalt außer acht läßt (§ 276 Abs. 1 BGB). Der Gesetzgeber unterscheidet zwischen verschiedenen Graden der Fahrlässigkeit. Vielfach ist die Haftung auf grobe Fahrlässigkeit begrenzt (z. B. bei Geschäftsführung ohne Auftrag, soweit sie der Abwendung einer dem Patienten drohenden dringenden Gefahr dient (§ 680 BGB) oder bei einem Regreß gegenüber beamteten Ärzten durch den Träger öffentlicher Verwaltung, Artikel 34 GG, § 27 StHG).

Grobe Fahrlässigkeit liegt vor, wenn die verkehrserforderliche Sorgfalt in besonders schwerem Maße verletzt worden ist.

Ist die Haftung nicht auf grobe Fahrlässigkeit begrenzt, so wird auch für gewöhnliche oder leichte Fahrlässigkeit gehaftet. Bei gefahrgeneigter Arbeit, die z. B. bei schwierigen Operationen oder unter Zeitdruck oder bei unklarem Krankheitsbild zu stellenden Diagnosen vorliegen kann, die aber bei der Kontrolle von Eintragungen in Krankengeschichten etc. nicht gegeben ist (BAG, NJW 1969, 2399, 2300), haftet der Arbeitnehmer im Innenverhältnis zum Arbeitgeber nur für Vorsatz und grobe Fahrlässigkeit voll. Für besonders leichte Fahrlässigkeit haftet er grundsätzlich nicht. Im Zwischenbereich zwischen besonders leichter und grober Fahrlässigkeit findet eine quotenmäßige Verteilung statt.

Die Wahrung der im Verkehr erforderlichen Sorgfalt erfordert vom Arzt das Bemühen, eine Schädigung des Patienten mit allen ihm zur Verfügung stehenden Mitteln zu vermeiden. Dies kann und muß auch beinhalten, daß der Arzt wegen unzureichender eigener apparativer und personeller Möglichkeiten den Patienten an einen anderen Arzt oder an eine andere Klinik verweisen muß, wenn mit dem Aufschub der Behandlung bzw. mit dem Transport keine höheren Risiken verbunden sind.

Eingerissene Verkehrsunsitten und Nachlässigkeiten entschuldigen nicht, da die *erforderliche* nicht die *übliche* Sorgfalt geschuldet wird (BGH, NJW 1953, 257). Erforderlich ist das Maß an Umsicht und Sorgfalt, das nach dem Urteil besonnener und gewissenhafter Angehöriger des betreffenden Verkehrskreises von den in seinem Rahmen Handelnden zu verlangen ist (BGH, NJW 1972, 151).
Dies bedeutet für den Arzt insbesondere, daß er in Erfüllung seiner beruflichen Fortbildungspflicht sein Können und Wissen dem jeweiligen Stand der medizinischen Wissenschaft anpaßt. Dies bedeutet aber auch, daß der Arzt in der Lage ist, die Grenzen seines Könnens zu erkennen und für den Fall, daß eine bestimmte im konkreten Krankheitsfall erforderliche diagnostische oder therapeutische Maßnahme von ihm nicht durchgeführt werden kann, die Überweisung an einen anderen Arzt bzw. die Einweisung in ein Krankenhaus veranlaßt.
Der Arzt kann sich zur Begründung einer von ihm gewählten Diagnose- oder Therapiemethode auf die einschlägige Fachliteratur berufen und sich auch grundsätzlich darauf verlassen. Dies gilt allerdings nicht für offensichtliche Unrichtigkeiten und erkennbare Druckfehler (25%ige statt 2,5%ige Kochsalzlösung bei Injektion, BGH, NJW 1970, 1963).
In der Auswahl mehrerer zur Verfügung stehender Diagnose- und Therapiemethoden ist der Arzt grundsätzlich frei, wenn nicht die Umstände des Einzelfalles, insbesondere das konkrete Krankheitsbild des Patienten, eindeutig für eine dieser Methoden spricht. Der Arzt darf auch von der Schulmedizin abweichen und eine von ihm für richtig gehaltene Untersuchungs- oder Behandlungsmethode wählen (z. B. homöopathische Verfahren).
Abgesehen davon, daß für die Wahl einer „Außenseitermethode" eine entsprechende Aufklärungspflicht gegenüber dem Patienten besteht (vgl. unten 3.1), muß der Arzt eine weitere Behandlung nach dieser Methode abbrechen, wenn er erkennen muß, daß damit ein Behandlungserfolg nicht erzielt wird bzw. sogar die Gefahr einer Verschlimmerung des Krankheitsbildes gegeben ist.
Das vorstehend aufgezeigte Maß an Sorgfaltspflicht bei der Erfüllung des Behandlungsvertrages wirkt sich auf Krankenhausträger und Arzt als Vertragspartner des Patienten, soweit es die Verantwortlichkeit für eigenes Verhalten betrifft, selbstverständlich unterschiedlich aus. Der Arzt als Vertragspartner schuldet das Maß an ärztlicher Sorgfalt, welches nach den anerkannten Regeln der ärztlichen Kunst von ihm erwartet werden kann (dazu unten S. 36).

Der Krankenhausträger schuldet zwar im totalen Krankenhausaufnahmevertrag auch die ärztliche Behandlung als Vertragsleistung. Er kann sie jedoch selbst als Verwaltungsträger nicht erbringen, sondern muß hierfür die von ihm angestellten oder freiberuflich tätigen Ärzte einsetzen.

Eine eigene Sorgfaltspflichtverletzung kann daher, vom Fall einer Haftung für den verfassungsmäßig berufenen Vertreter abgesehen (hierzu unten 2.1.5), für ärztliches Handeln nicht eintreten. Die typische Sorgfaltspflichtverletzung durch den Krankenhausträger ist daher das Organisationsverschulden, d. h.

vermeidbare Fehler bei der Bestellung oder Diensteinteilung des Krankenhauspersonals,
der Aufstellung des Stellenplanes
und der Beschaffung des medizinischen Sachbedarfs.

Gefordert werden kann aber nur die personelle und apparative Ausstattung, die der jeweiligen Versorgungsstufe des Krankenhauses als Mindestanforderung entspricht, nicht eine Maximalausstattung für jedes Krankenhaus gleich welcher Größenordnung und Aufgabenstellung.

Für ein Fehlverhalten der Krankenhausbediensteten haftet der Krankenhausträger im Rahmen des Behandlungsvertrages nach § 278 BGB unter dem Gesichtspunkt eines Eintrittes für fremdes Verschulden (dazu unten 2.1.6).

Nach § 276 Abs. 2 BGB besteht grundsätzlich die Möglichkeit, die Haftung für eigenes Verschulden auf Vorsatz zu beschränken und demgemäß die Haftung für Fahrlässigkeit vertraglich auszuschließen. Im Bereich der Krankenbehandlung, in der der Kranke auf ärztliche Hilfe angewiesen ist, würde eine solche Haftungseinschränkung nicht nur ethischen Grundsätzen der ärztlichen Berufsausübung widersprechen, sondern in aller Regel auch rechtsunwirksam sein (OLG Stuttgart, NJW 1979, 2355).

Vertragliche Haftungsbeschränkungen könnten daher allenfalls für medizinisch nicht indizierte Eingriffe in Betracht kommen (z. B. rein kosmetische Operationen und Gefälligkeitssterilisationen).

2.1.5 Haftung für verfassungsmäßig berufene Vertreter

Nach § 31 BGB ist ein Verein für den Schaden verantwortlich zu machen, den der Vorstand, ein Mitglied des Vorstandes oder ein anderer verfassungsmäßig berufener Vertreter durch eine in Ausführung der ihm

Materiell-rechtliche Haftungsgrundlagen

zustehenden Verrichtungen begangene zum Schadensersatz verpflichtende Handlung einem Dritten zufügt.

Diese ursprünglich auf den Verein und auf die deliktische Haftung begrenzte Vorschrift ist durch die Rechtsprechung im Anwendungsbereich weit ausgedehnt worden. Sie findet heute Anwendung auf alle juristischen Personen des Privatrechts und des öffentlichen Rechts, auf Handelsgesellschaften und auf nicht rechtsfähige Vereine. Sie gilt sowohl für die deliktische Haftung als auch für die vertragliche Haftung und begründet eine Haftung für eigenes Verschulden, da das Handeln des Organs bzw. des Organmitgliedes und des verfassungsmäßig berufenen Vertreters der Institution wie eigenes Verhalten zugerechnet wird.

Durch die Rechtsprechung ist diese Bestimmung auch auf Chefärzte übertragen worden, soweit ihnen der gesamte medizinische Betrieb mit alleiniger Entscheidungsbefugnis überlassen worden ist. Dies hat der Bundesgerichtshof für den ärztlichen Direktor eines Krankenhauses ausdrücklich bejaht (BGH, NJW 1972, 334). Auf Grund neuerlicher Entscheidungen des BGH (NJW 1980, 1901; 1981, 634) muß davon ausgegangen werden, daß auch der Chefarzt einer Krankenhausabteilung, soweit er diese eigenverantwortlich und weisungsfrei leitet, als verfassungsmäßig berufener Vertreter angesehen werden wird.

Für ein Verschulden dieses Chefarztes haftet daher der Krankenhausträger gemäß §§ 31, 89, 276 BGB wie für eigenes Verschulden.

2.1.6 Haftung für fremdes Verschulden

Der Vertragsschuldner hat ein Verschulden seines gesetzlichen Vertreters und der Personen, deren er sich zur Erfüllung seiner Verbindlichkeit bedient, im gleichen Umfang zu vertreten wie eigenes Verschulden (§ 278 BGB).

Über diese Vorschrift wird die Haftung des Vertragsschuldners auf Fehlverhalten von Personen ausgedehnt, denen er sich zur Erfüllung seiner eigenen Vertragspflicht bedient. Für das Arzthaftpflichtrecht bedeutet dies, daß der Krankenhausträger im Rahmen des totalen Krankenhausaufnahmevertrages und der Arzt im Rahmen eines zwischen ihm und dem Patienten abgeschlossenen Behandlungsvertrages haftet für das Verschulden von Krankenhausangestellten bzw. von Praxispersonal, soweit sie bei der Erfüllung der dem Krankenhausträger bzw. dem Arzt obliegenden vertraglichen Leistungspflicht tätig werden.

Diese Haftung für Erfüllungsgehilfen besteht uneingeschränkt, d. h. der Krankenhausträger bzw. der verantwortliche Arzt kann sich nicht damit

entlasten, daß er bei der Auswahl und Überwachung des betreffenden Erfüllungsgehilfen die notwendige Sorgfalt beachtet hat (anders im Deliktsrecht, dazu unten 2.2.3). Dementsprechend erstreckt sich auch der den Ärzten angebotene Haftpflichtversicherungsschutz auf die Tätigkeit von Erfüllungsgehilfen, und zwar auch, soweit sie noch in der Ausbildung stehen.
Erfüllungsgehilfe ist aber nicht nur der Angestellte des Krankenhausträgers bzw. des Arztes, sondern auch z. B. der Vertreter des niedergelassenen Arztes, soweit er nicht im eigenen Namen, sondern unter dem Namen des Vertretenen handelt.
Erfüllungsgehilfe ist schließlich auch der vom Krankenhausträger im Rahmen der allgemeinen Krankenhausleistung zugezogene niedergelassene Konsiliararzt, da seine Leistung nach § 3 Abs. 1 BPflVO in den Pflegesatz und damit in die Krankenhausleistung eingeht.
Anders verhält es sich bei dem von einem niedergelassenen Arzt (auch Belegarzt) zugezogenen Konsiliararzt, der auf Grund einer konsiliarischen Überweisung tätig wird und seine Leistungen gegenüber dem Patienten bzw. Kostenträger im eigenen Namen auf Grund eigener oder abgeleiteter vertraglicher Beziehungen zum Patienten berechnet.
Beim gespaltenen Krankenhausaufnahmevertrag (vgl. oben 2.1.2) richtet sich die Zuordnung der Tätigkeit des Hilfspersonals danach, in welchem Verantwortungsbereich es eingesetzt wird. Ein Indiz für die Zuordnung von Angehörigen des Hilfspersonals in den ärztlichen Leistungsbereich ist die Liquidationsberechtigung des Arztes für die unter Mithilfe des Personals erbrachten ärztlichen Leistungen.

2.1.7 Haftungsumfang

Die Schadensersatzpflicht des Arztes bzw. des Krankenhausträgers aus dem Behandlungsvertrag umfaßt alle materiellen Schäden, die kausal auf den Behandlungsfehler bzw. eine positive Vertragsverletzung zurückzuführen sind.
Auch für die sogenannte „schadenausfüllende Kausalität" gilt die Adäquanztheorie, d. h. das schadensersatzbegründende Ereignis muß im allgemeinen und nicht nur unter besonders eigenartigen unwahrscheinlichen und nach dem gewöhnlichen Verlauf der Dinge außer Betracht zu lassenden Umständen geeignet sein, einen Schaden dieser Art herbeizuführen (BGH, NJW 1976, 1144).
Der Umfang des zu ersetzenden Schadens ergibt sich aus § 249 ff. BGB. Danach ist im Grundsatz der Zustand wieder herzustellen, der bestehen

würde, wenn der zum Ersatz verpflichtende Umstand nicht eingetreten wäre (Naturalrestitution). Dies scheidet im Arzthaftpflichtrecht in der Regel aus, da entweder der eingetretene Gesundheitsschaden irreparabel ist, oder aber dem Patienten nicht zugemutet werden kann, eine Nachbehandlung durch den Arzt, der den Behandlungsfehler begangen hat, vornehmen zu lassen.
Die materiellen Schäden, die aus einem Behandlungsfehler bzw. einer sonstigen positiven Vertragsverletzung entstehen, sind daher in aller Regel in Geld auszugleichen. Dabei kommt Geldersatz insbesondere für folgende Sach- und Personenschäden in Betracht:

Behandlungskosten für die Wiederherstellung der Gesundheit,
Ersatz eines eingetretenen Verdienstausfalls,
Ersatz für eine erforderliche Haushaltshilfe,
Ersatz sonstiger Vermögensschäden.

Wegen eines immateriellen Schadens kann auf der Grundlage der vertraglichen Haftung keine Entschädigung in Geld beansprucht werden (§ 253 BGB).
Ein Schmerzensgeld läßt sich daher über die vertragliche Haftung des Arztes oder Krankenhausträgers nicht realisieren. Dies ist der Grund dafür, daß neben oder auch anstelle der vertraglichen Haftung im Arzthaftpflichtrecht immer ein Anspruch aus unerlaubter Handlung (dazu unten 2.2) geltend gemacht wird.
Für die Mehrzahl der aufgeführten materiellen Schadensfolgen ist der Geschädigte heute entweder sozial- oder privatversichert. Der Abschluß einer Privatversicherung beeinträchtigt Art und Umfang der Schadensersatzpflicht im Verhältnis zum Geschädigten nicht. Der Schädiger hat daher auch vollen Schadensersatz zu leisten, wenn der Patient z. B. eine private Krankenversicherung oder Lebensversicherung abgeschlossen hat. Die Versicherungsleistung ist durch Einsatz eigener Mittel des Geschädigten erworben, sie beeinträchtigt den Schadensersatzanspruch daher nicht. Ob ein Übergang des Schadensersatzanspruchs an die Privatversicherung erfolgt, richtet sich nach § 67 Versicherungsvertragsgesetz.
Deckt die Sozialversicherung im Innenverhältnis zum Geschädigten z. B. die Krankheitskosten im Rahmen der gesetzlichen Krankenversicherung ab, so geht der Schadensersatzanspruch auf sie insoweit über (§ 1542 RVO).

Soweit danach Versicherte oder ihre Hinterbliebenen nach anderen gesetzlichen Vorschriften Ersatz eines Schadens beanspruchen können, der ihnen durch Krankheit, Unfall, Invalidität oder durch den Tod des Ernährers erwachsen ist, geht der Anspruch auf die Träger der Versicherung insoweit über, als sie den Entschädigungsberechtigten nach diesem Gesetz Leistungen zu gewähren haben. Ein Übergang des Schadensersatzanspruchs findet auch bei Lohnfortzahlung durch den Arbeitgeber nach § 4 Lohnfortzahlungsgesetz statt, soweit es sich um die Lohnfortzahlung an Arbeiter handelt. Für Angestellte fehlt eine entsprechende gesetzliche Bestimmung. Insoweit ist jedoch der Angestellte bei Lohnfortzahlung verpflichtet, seine Schadensersatzansprüche an den Arbeitgeber abzutreten bzw. sich den erhaltenen Schadensersatz wegen Arbeitsausfalles auf die Lohnfortzahlung anrechnen zu lassen.

Trifft den Patienten ein Mitverschulden an dem eingetretenen Schaden, z. B. weil er es unterlassen hat, den Arzt auf bestimmte ihm bekannte Gefahrenmomente (z. B. Unverträglichkeit von Medikamenten und Vorerkrankungen) aufmerksam zu machen, so führt dies zu einer Minderung des vom Arzt bzw. Krankenhausträger zu leistenden Schadensersatzes, entsprechend dem Anteil des Mitverschuldens an der Verursachung des Schadens (§ 254 BGB).

Dies gilt auch dann, wenn der Patient ärztliche Anordnungen nicht befolgt und dadurch der durch einen Behandlungsfehler eingetretene Gesundheitsschaden vergrößert wird.

Stehen dem Patienten als Vertragspartner mehrere Personen gegenüber (z. B. bei einer ärztlichen Gemeinschaftspraxis oder bei einem totalen Krankenhausaufnahmevertrag mit Arzt-Zusatzvertrag) so haften die Vertragspartner für den eingetretenen Schaden als Gesamtschuldner, und zwar unabhängig davon, in welchem Umfang sie durch ihr eigenes Handeln den Schaden verursacht haben.

Im Innenverhältnis zwischen den Vertragsschuldnern findet allerdings ein Schadensausgleich auf der Grundlage des § 426 BGB statt. Für diesen Schadensausgleich ist das Maß der Mitverursachung bzw. Alleinverursachung des Schadens durch den jeweiligen Vertragspartner maßgebend.

2.1.8 Ergebnis

Als Ergebnis der Darstellung der vertraglichen Haftung ist festzustellen, daß folgende Voraussetzungen geschlossen vorliegen müssen, um einen vertraglichen Haftungsanspruch gegen einen Arzt oder Krankenhausträger entstehen zu lassen:

a) Wirksamer Abschluß des Behandlungsvertrages,
b) Verletzung einer aus dem Behandlungsvertrag resultierenden Sorgfaltspflicht (positive Vertragsverletzung),
c) Eintritt eines Schadens beim Patienten, der kausal auf die positive Vertragsverletzung zurückzuführen ist,
d) Eigenes Verschulden oder Verschulden eines Erfüllungsgehilfen durch Außerachtlassen oder Vernachlässigung der im Verkehr erforderlichen Sorgfalt.

Schadensersatzansprüche aus Vertrag verjähren erst 30 Jahre nach ihrem Entstehen (§ 195 BGB).

2.2 Deliktische Haftung

Bereits in der Einleitung wurde darauf hingewiesen, daß bei einer durch ärztliches Fehlverhalten schuldhaft verursachten Schädigung der Gesundheit des Patienten, unabhängig von der Haftung aus dem Behandlungsvertrag, eine Haftung aus unerlaubter Handlung besteht.
Im Arzthaftpflichtrecht tritt diese Haftung sogar in den Vordergrund, da nur über sie ein Schmerzensgeld beansprucht werden kann und Hinterbliebene bei einem durch Behandlungsfehler verschuldeten Tod des Patienten aus eigenem Recht Unterhaltsansprüche geltend machen können.
Im übrigen kann durch den Schadensersatzanspruch aus unerlaubter Handlung der Kreis der Haftenden über den oder die Vertragspartner des Patienten hinaus auf den eigentlichen Schädiger erweitert werden, wenn die Haftung aus Vertrag nur wegen Verschuldens eines „Erfüllungsgehilfen" im Sinne des § 278 BGB eintritt. Dieser „Erfüllungsgehilfe" kann selbst vertraglich nicht in Anspruch genommen werden, weil er nicht Vertragspartner ist, sondern für diesen handelt. Als „Handelnder" konzentriert sich die Haftung aus unerlaubter Handlung aber gerade auf ihn.

2.2.1 Rechtsgrundlagen der Haftung

Die für das Arzthaftpflichtrecht relevante Rechtsgrundlage der Haftung aus unerlaubter Handlung ist § 823 BGB. Danach haftet auf Schadenersatz, wer vorsätzlich oder fahrlässig das Leben, den Körper, die Gesundheit, die Freiheit, das Eigentum oder ein sonstiges Recht eines anderen widerrechtlich verletzt.

Ebenso haftet, wer schuldhaft gegen ein Gesetz verstößt, das den Schutz eines anderen bezweckt (§ 823 Abs. 2 BGB).

Zu den nach § 823 BGB absolut geschützten Rechtsgütern gehört nach ständiger Rechtsprechung auch das Recht auf freie Entfaltung der Persönlichkeit, das im Rahmen des Arzthaftpflichtrechts insbesondere bei unterbliebener oder unzulänglicher Aufklärung des Patienten vor Durchführung eines Heileingriffes tangiert wird (dazu unten 2.2.2).

Als Anspruchsgrundlage für Schadensersatzansprüche aus unerlaubter Handlung kommt neben § 823 BGB insbesondere § 831 BGB zur Anwendung, der anders als § 278 BGB im Vertragsrecht einen eigenständigen Haftungsbestand für widerrechtliches Handeln eines „Verrichtungsgehilfen" schafft (vgl. dazu unten 2.2.3).

Der bisherige gesonderte Tatbestand einer Haftung für Amtspflichtverletzung (§ 839 BGB) ist durch das Staatshaftungsgesetz mit Wirkung zum 1. Januar 1982 aufgehoben worden. Er gilt nur noch für Schadensersatzansprüche wegen eines Sachverhalts, der sich vor dem 1. 1. 1982 ereignet hat (§ 36 StHG). Die neue Rechtslage wird unten (2.2.4) dargestellt, soweit sie für die Arzthaftpflicht relevant ist.

2.2.2 Haftung für eigenes Handeln

In der Einleitung wurde bereits dargestellt, daß nach der Rechtsprechung des Bundesgerichtshofs (zuletzt NJW 1980, 1905) der ärztliche diagnostische und therapeutische Eingriff im weitesten Sinne tatbestandsmäßig als eine Körperverletzung zu qualifizieren ist, die erst durch die Einwilligung des Patienten gerechtfertigt wird.

Die Wirksamkeit der Einwilligung setzt eine ausreichende Aufklärung des Patienten über Art, Umfang und Durchführung des Eingriffes und die nicht außerhalb der Wahrscheinlichkeit liegenden Risiken voraus. Die Einwilligung deckt nicht ein ärztliches Fehlverhalten in der Durchführung des Eingriffs.

Ein ärztlicher Eingriff ist daher rechtmäßig, wenn der Patient ordnungsgemäß aufgeklärt worden ist, auf Grund der Aufklärung wirksam in den Eingriff eingewilligt hat und der Eingriff nach den Regeln der ärztlichen Kunst durchgeführt worden ist.

Liegt eine dieser Voraussetzungen nicht vor, so haftet der Arzt – Verschulden vorausgesetzt – wegen Körperverletzung für einen durch den Eingriff verursachten Gesundheitsschaden. Dies gilt nach der Recht-

sprechung auch, wenn der Arzt den Eingriff fehlerfrei durchgeführt hat, der Patient aber nicht wirksam aufgeklärt wurde.
Damit wird der lege artis durchgeführte Eingriff zur rechtswidrigen Körperverletzung mit der Folge, daß der Arzt für einen Gesundheitsschaden haften muß, der bei diesem Eingriff unter den konkreten Umständen des Falles nicht vermeidbar oder sogar mit dem Eingriff notwendigerweise verbunden war.
Der Einwand des Arztes, der Patient hätte auch bei ordnungsgemäßer Aufklärung dem Eingriff zugestimmt, so daß die unterbliebene oder unzulängliche Aufklärung nicht kausal für den Gesundheitsschaden geworden ist, wird grundsätzlich nicht akzeptiert (BGH, NJW 1980, 1333, 2751). Damit würde nach Auffassung der Rechtsprechung die Entscheidungsfreiheit des Patienten unterlaufen. Dies ist zwar richtig, drängt jedoch die Frage auf, ob die Aufklärungspflichtverletzung bei einem lege artis durchgeführten Eingriff nicht ausschließlich unter dem Gesichtspunkt einer Verletzung des Rechts auf freie Entfaltung der Persönlichkeit zum Schadensersatzanspruch führen kann (so z. B. Laufs, Arztrecht S. 91). Folge wäre die Verpflichtung zur Zahlung eines Schmerzensgeldes wegen Persönlichkeitsverletzung, nicht jedoch die Haftung für die mit dem konkreten Eingriff unvermeidbar verbundene Gesundheitsschädigung.

a) Ärztlicher Eingriff im Sinne des Arzthaftpflichtrechts ist nicht nur eine Operation, sondern praktisch jede therapeutische Maßnahme z. B. auch eine Injektion, Infusion, Blutentnahme, Strahlenbehandlung, Röntgendiagnostik, psychiatrische Behandlung, Psychotherapie oder die von einem Arzt veranlaßte Medikamenteneinnahme und damit jeder Eingriff in die Integrität des menschlichen Körpers.
b) Die Wirksamkeit der Einwilligung setzt Einsichtsfähigkeit des Patienten in die Tragweite des Eingriffs voraus. Einsichtsfähigkeit ist nicht identisch mit der Geschäftsfähigkeit, die zur Abgabe rechtsverbindlicher Willenserklärungen und damit zum Abschluß eines Behandlungsvertrages erforderlich ist. Bei geschäftsfähigen Personen ist allerdings diese Einsichtsfähigkeit zu unterstellen, es sei denn, der Patient ist bewußtlos oder für den Arzt erkennbar in einer seine Einsichtsfähigkeit ausschließenden geistigen Verfassung.
Für Minderjährige hat der Bundesgerichtshof aus dem Jahre 1971 (damals lag das Volljährigkeitsalter bei 21 Jahren) entschieden, daß bei einer einerseits nicht unwichtigen, andererseits nicht dringlichen

Entscheidung über einen ärztlichen Eingriff (Entfernung gemeiner Warzen im Chaoul'schen Nahstrahlverfahren) in der Regel die Einwilligung einer 16jährigen Patientin allein nicht genügt (BGH, NJW 1973, 335).
Nach Herabsetzung des Volljährigkeitsalters auf die Vollendung des 18. Lebensjahres dürften daher die Fälle, in denen bei einem medizinisch gebotenen, nicht risikofreien Eingriff die Einsichtsfähigkeit des Minderjährigen über dessen Tragweite angenommen werden kann, selten sein, wobei allerdings immer auf Art und Notwendigkeit des Eingriffes und die damit möglicherweise verbundenen Risiken abgestellt werden muß.
Für die Verschreibungsfähigkeit von Ovulationshemmern kann daher für die Bejahung der Einsichtsfähigkeit auch ein niedrigeres Alter als 16 im Einzelfall ausreichen. Da jedoch eine feste Altersgrenze nicht besteht und auch nicht empfohlen werden kann, muß vom Arzt ein hohes Maß an Verantwortung erwartet werden, d.h. der Arzt muß die Einsichtsfähigkeit junger Patienten von Fall zu Fall kritisch prüfen.
Verneint er die Einsichtsfähigkeit, muß er die Einwilligung der Eltern oder des Vormundes einholen und diese entsprechend aufklären. Bejaht er die Einsichtsfähigkeit des Minderjährigen, wird er sich konsequenterweise über einen dem Eingriff entgegenstehenden Willen des Minderjährigen auch bei Zustimmung der Eltern zu diesem Eingriff nicht hinwegsetzen dürfen.
Bei Geisteskranken ist die Zustimmung des Vormundes als gesetzlichem Vertreter einzuholen.
Bei Geistesschwachen kann im Einzelfall die Einsichtsfähigkeit in die Tragweite eines einfach gelagerten Eingriffs gegeben sein. Im Zweifelsfalle ist auch hier die Zustimmung des Vormundes oder Pflegers einzuholen.
Bei Bewußtlosen oder sich in einem vorübergehenden Zustand der Willensunfähigkeit befindlichen Patienten muß grundsätzlich ein Pfleger bestellt werden (BGH, NJW 1959, 811).
Ist mit dem Aufschub einer Behandlung allerdings eine Gefahr für die Gesundheit des Patienten gegeben, so kann der Arzt auch ohne Pflegerbestellung nach den Grundsätzen der Geschäftsführung ohne Auftrag handeln, d.h. die notwendige therapeutische Versorgung durchführen (vgl. oben 2.1.1).
Auf die Zustimmung der Angehörigen kann, wie vielfach mißverständlich angenommen wird, die Eingriffsberechtigung nicht abgestützt

werden. Ist der Patient bewußtlos oder willensunfähig, sollte der Arzt allerdings zur Ermittlung des mutmaßlichen Willens des Patienten seine nächsten Angehörigen, soweit sie erreichbar sind, informieren bzw. befragen.
c) Die rechtlichen Voraussetzungen an das Aufklärungsgespräch als Voraussetzung für einen rechtmäßigen ärztlichen Eingriff werden in einem gesonderten Abschnitt dargestellt (unten 3.1). Hierauf und auf die Darstellung der vertraglichen Aufklärungspflichten (oben 2.1.3) wird verwiesen.
d) Ein Behandlungsfehler des Arztes bei der Durchführung eines Eingriffs wird selbstverständlich nicht durch die nach ordnungsgemäßer Aufklärung wirksam erteilte Einwilligung in den Eingriff gedeckt. Es muß daher unterschieden werden zwischen gesundheitsschädigenden Folgen, die auf Behandlungsfehlern beruhen — hierfür gibt es keine „Freizeichnung" durch Aufklärung — und solchen Folgen, die auf der Verwirklichung eines dem Eingriff immanenten Behandlungsrisikos beruhen — hierfür kann der Arzt durch Aufklärung ein Haftungsrisiko ausschließen —. Als Beispiel sei der Eintritt einer Schwangerschaft trotz vorgenommener Sterilisation genannt. Nach neueren Entscheidungen des Bundesgerichtshofs handelt es sich insoweit um einen Schaden, der nicht in der Person des geborenen Kindes, sondern in dem die Eltern treffenden Unterhaltsaufwand liegt (BGH, NJW 1980, 1450, 1452).
Dieser Schaden ist unter dem Gesichtspunkt der positiven Vertragsverletzung den Ehepartnern zu ersetzen (BGH, a. a. O.). Beruht der Eintritt der Schwangerschaft trotz vorgenommener Sterilisation auf einem Behandlungsfehler (Durchtrennung des Mutterbandes statt des Eileiters), so kann eine Haftung hierfür grundsätzlich nicht ausgeschlossen werden, auch nicht durch Aufklärung über mögliche Behandlungsrisiken.
Beruht die eingetretene Schwangerschaft aber auf der Verwirklichung eines solchen Risikos (welches bei ca. 1% je nach der Sterilisationsmethode liegt), so befreit die Aufklärung hierüber den Arzt von einer Haftung.
e) Ein Behandlungsfehler des Arztes kann insbesondere bestehen
    aa) im Unterlassen einer gebotenen Hilfeleistung (z. B. Hausbesuch) und einer daraus resultierenden Verschlimmerung des Gesundheitszustandes oder Tötung des Patienten; bei einer Garantenstellung des Arztes: Haftung wegen fahrlässiger Körperverletzung

oder Tötung nach § 823 Abs. 1 BGB, sonst bei Zumutbarkeit der Hilfeleistung: Verstoß gegen § 323c StGB mit Haftung nach § 823 Abs. 2 BGB;

bb) in einer Nichtbefolgung der Regeln der ärztlichen Kunst; im Sinne des Haftungsrechts nicht identisch mit der „Schulmedizin", da auch abweichende Methoden nach gewissenhafter Prüfung durch den Arzt zulässig sind; dann aber erhöhte Verantwortung des Arztes hinsichtlich der Notwendigkeit seiner Entscheidung über den Abbruch einer solchen nicht allgemein anerkannten Methode;

der Arzt muß das Grundwissen seines Faches beherrschen und durch Fortbildung auch auf dem Laufenden halten;

fehlendes Wissen und fehlende Berufserfahrung entlasten ihn schon deswegen nicht, weil von ihm erwartet wird, daß er die Grenzen seines Könnens erkennt und ggf. die Behandlung durch andere veranlassen muß;

cc) in einem Organisationsfehler (dazu im einzelnen unten 3.2), so z. B. bei der Diensteinteilung durch den Chefarzt;

dd) in einem Fehler bei der Überwachung und Wartung technischen Gerätes (dazu im einzelnen unten 3.4);

ee) in einem Fehler bei der Überwachung des unter seiner Verantwortung tätigen Hilfspersonals (dazu unten 2.2.3).

Der Krankenhausträger kann ebenfalls wegen einer unerlaubten Handlung nach § 823 BGB in Anspruch genommen werden, wenn durch seine vertretungsberechtigten Organe bzw. seine verfassungsmäßig berufenen Vertreter die Gesundheit oder das Leben eines Patienten verletzt worden ist.

Dies gilt insbesondere für

aa) Organisationsverschulden der Krankenhausorgane oder eines Chefarztes als verfassungsmäßig berufenen Vertreter nach §§ 30, 31, 89, 823 BGB (vgl. oben 2.1.5);

bb) Behandlungsfehler oder Aufklärungsfehler des Chefarztes als verfassungsmäßig berufenen Vertreter;

cc) Verletzung der Verkehrssicherungspflicht durch Krankenhausträgerorgane oder verfassungsmäßig berufene Vertreter (Patient stürzt auf glattgebohnertem Krankenhausflur, Ansteckung an einer übertragbaren Krankheit durch Verstoß gegen Hygienevorschriften).

2.2.3 Haftung für Handeln von Verrichtungsgehilfen

„Wer einen anderen zur Verrichtung bestellt, ist zum Ersatz des Schadens verpflichtet, den der andere in Ausführung der Verrichtung einem Dritten widerrechtlich zufügt.

Die Ersatzpflicht tritt nicht ein, wenn der Geschäftsherr bei der Auswahl der bestellten Person und, sofern er Vorrichtungen oder Gerätschaften zu beschaffen oder die Ausführung der Verrichtung zu leiten hat, bei der Beschaffung oder Leitung die im Verkehr erforderliche Sorgfalt beobachtet oder wenn der Schaden auch bei Anwendung dieser Sorgfalt entstanden sein würde" (§ 831 BGB).

Die deliktische Haftung für „Verrichtungsgehilfen" unterscheidet sich von der vertraglichen Haftung für „Erfüllungsgehilfen" dadurch, daß

a) § 831 BGB keine Haftung für *fremdes Verschulden* beinhaltet, sondern eine Haftung des „Geschäftsherrn" für *vermutetes eigenes Verschulden* bei der Auswahl etc. begründet,
b) es demgemäß nicht auf das Verschulden des „Gehilfen", sondern nur auf dessen *widerrechtliches* Handeln im Sinne des § 823 BGB ankommt,
c) der Geschäftsherr sich, bezogen auf das vermutete „Auswahlverschulden" und „Überwachungsverschulden", *entlasten* kann,
d) § 278 BGB nur im Rahmen eines bestehenden Schuldverhältnisses (hier Behandlungsvertrag) anwendbar ist, während § 831 BGB allein auf das widerrechtliche Zufügen eines Schadens durch den Gehilfen, unabhängig vom Bestehen eines Schuldverhältnisses abstellt,
e) der Geschädigte nur aus § 831 BGB Schmerzensgeld verlangen kann.

§ 831 BGB richtet sich im Arzthaftpflichtrecht primär gegen den Krankenhausträger, gilt insoweit jedoch nicht für die verfassungsmäßig berufenen Vertreter, sondern nur für die diesen nachgeordneten Mitarbeiter.

Für verfassungsmäßig berufene Vertreter und damit auch für die eine Abteilung weisungsunabhängig eigenverantwortlich leitenden Chefärzte haftet daher der Krankenhausträger nach §§ 30, 31, 89, 823 BGB ohne Entlastungsmöglichkeit.

§ 831 BGB kann sich aber auch gegen einen Arzt richten, wenn dieser sich zur Erfüllung eigener Behandlungspflichten der Mitarbeit anderer (Assistenzarzt, Krankenschwester, Arzthelferin, med.-technische Assistentin, Krankengymnastin etc.) bedient. Unter diesem Gesichtspunkt kann ein Arzt für die Tätigkeit von Verrichtungsgehilfen insbesondere

- als Chefarzt bei stationärer Behandlung im Rahmen eines totalen Krankenhausaufnahmevertrages mit Arztzusatzvertrag,
- als Belegarzt im Rahmen eines gespaltenen Krankenhausaufnahmevertrages,
- als niedergelassener Arzt im Rahmen der ambulanten Behandlung

einstehen müssen.
Voraussetzung für eine Haftung nach § 831 BGB ist

- die widerrechtliche Zufügung eines Schadens durch den beauftragten Gehilfen bei Ausübung einer ihm übertragenen Verrichtung,
- die Nichterbringung des Entlastungsbeweises durch den Geschäftsherrn für die ordnungsgemäße Auswahl bzw. Überwachung des Gehilfen.

Soweit es das Handeln des Gehilfen betrifft, muß der objektive Tatbestand der unerlaubten Handlung nach § 823 BGB erfüllt sein. Dies ist z. B. bei einem Spritzenabszeß der Fall, der bei einer Injektion entsteht, die von einem Arzt in ihrer Durchführung an eine Krankenschwester übertragen wurde oder bei Verbleiben eines Tupfers in der Operationswunde als Folge einer Nachlässigkeit der dem Arzt assistierenden Operationsschwester.
Auf ein Verschulden der Mitarbeiter kommt es für eine Haftung aus § 831 BGB nicht an, vielmehr wird ein eigenes Verschulden des Arztes bzw. Krankenhausträgers vermutet, wenn ihm nicht der Entlastungsbeweis gelingt.
Soweit es den geforderten Entlastungsbeweis betrifft, muß der Arzt bzw. der Krankenhausträger als „Geschäftsherr" nachweisen, daß er bei der Auswahl der Person, die den Schaden widerrechtlich herbeigeführt hat, und beim Anleiten der von ihr ausgeführten Verrichtungen, die erforderliche Sorgfalt beobachtet hat.
Entlastet ist der Arzt bzw. Krankenhausträger auch dann, wenn nachgewiesen wird, daß der Schaden auch bei Anwendung dieser Sorgfalt eingetreten wäre. Dieser Entlastungsbeweis kann durch den Arzt bzw. Krankenhausträger dann geführt werden, wenn Angehörige staatlich anerkannter Gesundheitsberufe eingestellt werden und diesen Verrichtungen übertragen werden, die sich im Rahmen des Berufsbildes halten, also Gegenstand der vorgeschriebenen Ausbildung waren. Bei Angestellten in leitenden Positionen muß darüber hinaus in der Regel eine entsprechende Berufserfahrung nachgewiesen werden. Der Entlastungsbeweis dürfte

dann nicht gelingen, wenn z. B. einer nichtexaminierten Krankenschwester die Durchführung von Injektionen übertragen wird (vgl. hierzu BGH, NJW 1979, 1935) oder wenn derartige Eingriffe einer examinierten Krankenschwester übertragen werden, ohne daß sich der Arzt vorher davon überzeugt hat, daß sie die Injektionstechnik ausreichend beherrscht (die Durchführung von Injektionen gehört nicht zum Ausbildungsinhalt für den Beruf der Krankenschwester).

Aus § 831 BGB ist zu entnehmen, daß eine Schadensersatzpflicht auch dann eintreten kann, wenn eine Gesundheitsschädigung durch ein defektes Gerät verursacht wird. Auch insoweit kann aber der Arzt bzw. der Krankenhausträger den Entlastungsbeweis führen, indem er nachweist, daß das angeschaffte Gerät ordnungsgemäß gewartet worden ist. Eine Haftung für nichterkennbare Herstellungsfehler begründet § 831 BGB daher nicht. Insoweit kann jedoch durch den Geschädigten gegebenenfalls unmittelbar der Gerätehersteller nach den Grundsätzen der „Produzentenhaftung" in Anspruch genommen werden. Für med.-technische Geräte ist im übrigen durch das Gerätesicherungsgesetz in der Neufassung vom 13. 8. 1979 eine Bauartzulassung und Überprüfung vorgeschrieben, die allerdings noch durch eine Rechtsverordnung konkretisiert werden muß.

Der Arzt und der Krankenhausträger als Anwender derartiger Geräte können sich auf eine derartige Bauartzulassung verlassen und den Entlastungsbeweis dadurch führen, daß sie die in der Rechtsverordnung vorgeschriebenen technischen Überprüfungen des Gerätes durchführen und entsprechend ausgebildetes Personal in der Handhabung des Gerätes einsetzen.

2.2.4 Haftung für Amtspflichtverletzung

Durch das am 1. Januar 1982 in Kraft getretene Staatshaftungsrecht ist die Haftung für Amtspflichtverletzungen auf eine neue Rechtsgrundlage gestellt worden.

Nach wie vor gilt zwar Art. 34 GG, wonach die Anstellungskörperschaft verantwortlich ist, wenn jemand in Ausübung eines ihm anvertrauten öffentlichen Amtes die ihm einen Dritten gegenüber obliegende Amtspflicht verletzt, wobei bei Vorsatz oder grober Fahrlässigkeit der Rückgriff gegen den Beamten vorbehalten bleibt.

Diese Bestimmung des Grundgesetzes gilt jedoch nur für die Wahrnehmung hoheitlicher Aufgaben. Dies bedeutet im Rahmen der Kranken-

behandlung nur die Behandlung der durch Verwaltungsakt in ein öffentliches Krankenhaus eingewiesenen Patienten.
Unabhängig von dieser Haftung des Dienstherren für hoheitliches Handeln bestimmte jedoch § 839 BGB bisher, daß der Beamte selbst für die Verletzung einer ihm gegenüber einem Dritten obliegenden Amtspflicht bei Fahrlässigkeit nur dann haftete, wenn der Geschädigte nicht auf andere Weise Ersatz seines Schadens zu erlangen vermochte.
Für die Eigenhaftung des Beamten ging daher § 839 BGB auch bei schlicht hoheitlicher oder fiskalischer Tätigkeit den allgemeinen deliktrechtlichen Vorschriften der § 823, § 831 BGB vor. Dies bedeutete konkret, daß der Beamte bei Fahrlässigkeit nur subsidiär in Anspruch genommen werden konnte, wenn der Verletzte nicht auf andere Weise Ersatz zu erlangen vermochte. Ein anderweitiger Schadensersatz war aber insbesondere der Anspruch aus dem Behandlungsvertrag mit dem Krankenhausträger oder dem Träger der Universitätsklinik. Diese Möglichkeit der Inanspruchnahme des Krankenhausträgers aus dem Behandlungsvertrag konnte dem Beamten jedoch nur wegen eingetretener materieller Schäden von der Eigenhaftung freistellen, da über den Behandlungsvertrag ein Schmerzensgeld nicht beansprucht werden kann (s. oben 2.1.7).
Auch der Schmerzensgeldanspruch konnte sich gegen den Krankenhausträger richten, wenn z. B. der beamtete Chefarzt als verfassungsmäßig berufener Vertreter im Sinne des § 31 BGB anzusehen war. In diesem Falle haftet auch der öffentlich-rechtliche Krankenhausträger außerhalb des Bereichs der hoheitlichen Verwaltung nach §§ 30, 31, 89, 823 BGB dem Geschädigten aus unerlaubter Handlung und damit auch auf Zahlung eines Schmerzensgeldes mit der Folge, daß der beamtete Chefarzt von einer eigenen Haftung ganz freizustellen war. Im Innenverhältnis konnte der Dienstherr allerdings gegen ihn Rückgriff nehmen, und zwar ohne Berücksichtigung der bei hoheitlicher Verwaltung bestehenden Begrenzung des Art. 3466 auf Vorsatz und grobe Fahrlässigkeit.
Die Aufhebung des § 839 BGB durch das Staatshaftungsgesetz hat nichts daran geändert, daß sich die Haftung des öffentlich-rechtlichen Krankenhausträgers bei der ärztlichen oder zahnärztlichen Behandlung, mit Ausnahme der Behandlung, die gegen den Willen des Behandelten durchgeführt wird, nach den Vorschriften des Privatrechts richtet (§ 17 Abs. 1, 2 Nr. 4 StHG).
Hoheitlich haftet der Krankenhausträger daher auf der Grundlage des Art. 34 GG nur bei einer durch Verwaltungsakt angeordneten Behandlung eines Patienten, nicht jedoch im Rahmen eines abgeschlossenen

Behandlungsvertrages (zwangsweise Unterbringung in psychiatrischen Anstalten, Zwangsernährung etc.).

Für die Haftung des Krankenhausträgers bei einer stationären Behandlung in einem öffentlich-rechtlichen Krankenhaus oder in einer Universitätsklinik gelten nach wie vor §§ 823, 831 BGB (§ 17 Abs. 1 und Abs. 2 Nr. 4 StHG) bzw. für verfm. Vertreter §§ 31, 89, 823 BGB.

Soweit es eine mögliche persönliche Haftung des beamteten Arztes an einem öffentlich-rechtlichen Krankenhaus oder einer Universitätsklinik betrifft, bestimmt § 17 Abs. 4 StHG, daß Personen, durch die der Träger die in den Absätzen 1 und 2 genannten Tätigkeiten ausübt, dem Geschädigten nicht haften. Die persönliche Haftung des beamteten Arztes wird daher ganz beseitigt. An ihrer Stelle haftet der Träger, für den er die Tätigkeit ausgeübt hat. Diese Ausschlußbestimmung bezieht sich sowohl auf eine Teilnahme des Krankenhausträgers „am Privatrechtsverkehr", als auch auf ein schlicht hoheitliches Verhalten (§ 17 Abs. 1 und Abs. 2 StHG).

Im Innenverhältnis kann der Dienstherr des Beamten allerdings gegen ihn Regreß nehmen, allerdings anders als bisher nur bei Vorsatz und grober Fahrlässigkeit (§§27 StHG, 46 BRRG, 78 BBG).

Die Sonderregelung des § 17 StHG führt im übrigen dazu, daß der Krankenhausträger auch nach der Neuregelung der Staatshaftung nur bei Nachweis eines Verschuldens unter den Voraussetzungen der §§ 823, 831 BGB deliktisch haftet und somit die in § 1 StHG vorgenommene Ausdehnung der Haftung der öffentlichen Gewalt auf jede Verletzung einer Pflicht des öffentlichen Rechts, die ihr einem anderen gegenüber obliegt, nicht eintritt.

Auch die Bemessung eines Schmerzensgeldes richtet sich nicht nach § 7 StHG, sondern ausschließlich nach § 847 BGB.

Vertragliche Ansprüche gegen einen beamteten Chefarzt aus Abschluß eines Arztzusatzvertrages bei stationärer Behandlung oder Abschluß eines Behandlungsvertrages bei ambulanter Behandlung bleiben von der Neuregelung des Staatshaftungsrechtes unberührt.

2.2.5 Umfang der deliktischen Haftung

Auch bei der Haftung aus unerlaubter Handlung ist für den Umfang des Schadensersatzanspruchs zunächst § 249 BGB maßgebend. Es gelten daher insoweit die Ausführungen zum Umfang der Schadensersatzpflicht bei vertraglicher Haftung entsprechend (s. oben 2.1.7).

Die Schadensersatzpflicht aus unerlaubter Handlung erfaßt daher zunächst den eingetretenen materiellen Schaden, d. h. insbesondere den Verdienstausfall, die Kosten einer erforderlichen Behandlung, die Kosten einer erforderlichen Hilfe im Haushalt und den sonstigen Vermögensschaden. Die Verpflichtung zum Schadensersatz erstreckt sich nach § 842 BGB auch auf die Nachteile, „welche die Handlung für den Erwerb oder das Fortkommen des Verletzten herbeiführt". Ein solcher Nachteil kann insbesondere dann eintreten, wenn eine Gesundheitsschädigung infolge eines Behandlungsfehlers dazu führt, daß der Patient seinen Beruf nicht mehr ausüben kann oder in seinem beruflichen Fortkommen gehindert ist.

In einem solchen Falle ist in der Regel Schadensersatz durch Zahlung einer Geldrente zu leisten. Wird infolge einer Verletzung des Körpers oder der Gesundheit die Erwerbsfähigkeit des Verletzten aufgehoben oder gemindert oder tritt eine Vermehrung seiner Bedürfnisse ein, so ist dem Verletzten durch Entrichten einer Geldrente Schadensersatz zu leisten (§ 843 BGB). Nur in besonderen Ausnahmefällen kann anstelle einer Rente eine Kapitalabfindung in Betracht kommen.

Wird ein Patient infolge eines Behandlungsfehlers in seiner Gesundheit geschädigt, so ist er in der Regel durch den vom Schädiger zu leistenden Ersatz für den eingetretenen Verdienstausfall in der Lage, seinen Unterhaltsverpflichtungen gegenüber seinen Familienangehörigen weiterhin nachzukommen.

Im Falle einer Tötung des Patienten sind jedoch seine Angehörigen auf eigene Unterhaltsansprüche angewiesen. Sie werden nur über die Haftung aus unerlaubter Handlung nach § 844 BGB eingeräumt. Danach sind im Falle der Tötung durch den Ersatzpflichtigen zunächst die Beerdigungskosten zu tragen. Darüber hinaus und vor allem ist den nach dem Gesetz Unterhaltsberechtigten Schadensersatz in Höhe des ausfallenden Unterhaltsanspruches zu leisten. Dies geschieht wiederum, wie im Falle des § 843 BGB, durch Entrichtung einer Geldrente.

Für die Dauer der Rente ist die mutmaßliche Lebensdauer des Getöteten sowie der Wegfall der gesetzlichen Unterhaltspflicht maßgebend. Bei Wiederverheiratung ist zu prüfen, ob und inwieweit die in der neuen Ehe erreichte Versorgung den Unterhaltsanspruch entfallen läßt.

Im Falle der Tötung, der Verletzung des Körpers oder der Gesundheit hat der Ersatzpflichtige auch den Schaden zu ersetzen, der einem Dritten dadurch entsteht, daß der Verletzte ihm kraft Gesetzes zur Leistung von Diensten in dessen Hauswesen oder Gewerbe verpflichtet war. Die

Vorschrift hat heute keine wesentliche praktische Bedeutung mehr, da nur Dienstleistungspflichten kraft Gesetzes und nicht kraft Rechtsgeschäftes hierunter fallen und die Haushaltsführung bzw. Mitarbeit im Beruf, die der Ehegatte erbringt, nicht als Dienstleistung nach § 845 BGB anzusehen ist. Möglicher Fall ist die familienrechtliche Dienstleistung eines erwachsenen Sohnes auf dem elterlichen Hofe.
Über den Ersatz des materiellen Schadens hinaus ist bei einer unerlaubten Handlung auch der immaterielle Schaden in Form eines Schmerzensgeldes zu ersetzen (§ 847 BGB). Die Höhe eines Schmerzensgeldes ist nach § 287 ZPO nach freiem Ermessen durch das Gericht festzusetzen. Bemessungsgrundlage sind Ausmaß und Schwere der psychischen oder physischen Störungen, das Ausmaß der dadurch bedingten Lebensbeeinträchtigung, Größe, Dauer und Heftigkeit der Schmerzen, Leiden, Entstellungen, Übersehbarkeit des weiteren Krankheitsverlaufes sowie der möglichen Erwerbstätigkeit, Grad des Verschuldens. Anhaltspunkte lassen sich aus den sogenannten Schmerzensgeldtabellen entnehmen, in denen vor allem von den Versicherungsgesellschaften die in der Rechtspraxis zugesprochenen Beträge oder Renten zusammengefaßt sind.
Auch im Rahmen der Haftung aus unerlaubter Handlung wirkt ein Mitverschulden des Verletzten haftungsmindernd (§§ 254, 846, 847 BGB). Dies gilt auch für die genannten Unterhaltsansprüche und für die Bemessung des Schmerzensgeldes. Der Anspruch auf Schmerzensgeld ist nicht übertragbar und geht nicht auf die Erben über, es sei denn, daß er durch Vertrag anerkannt oder daß er rechtshängig geworden ist (§ 847 Abs. 1 Satz 2 BGB).
Für die Haftung aus unerlaubter Handlung bestimmt § 840 BGB ausdrücklich eine Haftung als Gesamtschuldner, wenn für den entstehenden Schaden mehrere nebeneinander verantwortlich sind. Haften daher z. B. der Krankenhausträger für eine Verletzung der Überwachungspflicht des Chefarzt als verfassungsmäßig berufenem Vertreter nach §§ 30, 31, 823 BGB, der Chefarzt für die Verletzung der Überwachungspflicht gegenüber einer Operationsschwester, z. B. wegen Zurücklassens eines Tupfers in der Operationswunde nach § 823 BGB, sowie die Operationsschwester für die Verletzung der erforderlichen Sorgfalt bei Überprüfung von Operationsbesteck und Operationsmaterialien, so haften alle genannten nebeneinander dem Geschädigten als Gesamtschuldner. Jeder von ihnen ist dem Geschädigten zum vollen Schadensersatz verpflichtet.
Im Innenverhältnis findet jedoch ein Schadensausgleich nach Maßgabe der Verursachung bzw. Mitverursachung statt (§ 426 BGB).

Eine solche Gesamtschuld tritt auch dann ein, wenn die Haftung aus unerlaubter Handlung neben eine Haftung aus dem Behandlungsvertrag tritt (BGHZ 59, 101).

Haftet z. B. der Krankenhausträger aus dem Behandlungsvertrag, wegen Erbringung des Entlastungsbeweises jedoch nicht für das Fehlverhalten eines Assistenzarztes, so tritt ebenfalls eine gesamtschuldnerische Haftung des Krankenhausträgers und des Assistenzarztes gegenüber dem Geschädigten ein, jedoch nur in dem Umfange, in dem beide Schadensersatz schulden. Die Gesamtschuld beschränkt sich daher auf den materiellen Schaden, da der Krankenhausträger keinen Ersatz des immateriellen Schadens (Schmerzensgeld) schuldet.

Für diesen immateriellen Schaden haftet in diesem Falle der Assistenzarzt alleine dem Schädiger.

Im Gegensatz zur Haftung aus dem Behandlungsvertrag verjährt der Anspruch aus unerlaubter Handlung bereits in drei Jahren, und zwar von dem Zeitpunkt an, in welchem der Verletzte vom Schaden und der Person des Ersatzpflichtigen Kenntnis erlangt hat; ohne Rücksicht auf diese Kenntnis in 30 Jahren von der Begehung der Handlung an.

Schweben zwischen dem Ersatzpflichtigen und dem Ersatzberechtigten Verhandlungen über den zu leistenden Schadensersatz, so ist die Verjährung gehemmt, bis der eine oder andere Teil die Fortsetzung der Verhandlungen verweigert (§ 852 BGB).

Auf der Basis dieser Vorschrift wird davon ausgegangen, daß die Anrufung einer Gutachterkommission oder einer Schlichtungsstelle den Eintritt der Verjährung hemmt. Bei einer Schlichtungsstelle ergibt sich dies eindeutig aus den Verfahrensstatuten, da an dem Versuch der Schlichtung sowohl der Vertreter des Patienten als auch der Vertreter des Arztes bzw. Krankenhauses beteiligt sind.

Auch bei Anrufung einer Gutachterkommission wird man jedoch auf der Grundlage des § 852 Abs. 2 BGB eine Hemmung des Eintritts der Verjährung unterstellen können, da aus dem Antrag des Patienten an die Gutachterkommission und der Bereitschaft des Arztes sich an einem Gutachterverfahren zu beteiligen darauf geschlossen werden kann, daß Arzt und Patient zunächst außergerichtlich das Vorliegen eines Behandlungsfehlers und damit die Grundlage eines Schadensersatzes abklären wollen.

2.2.6 Ergebnis

Als Ergebnis der Darstellung der Haftung aus unerlaubter Handlung ist festzustellen, daß folgende Voraussetzungen vorliegen müssen, um einen deliktischen Haftungsanspruch gegen einen Arzt oder Krankenhausträger entstehen zu lassen:

a) Medizinischer Eingriff in die Integrität des menschlichen Körpers, z. B. durch eine Operation, Injektion, Infusion, Strahlenbehandlung, Röntgendiagnostik, psychiatrische Behandlung, Psychotherapie, veranlaßte Medikamenteneinnahme etc. („Tatbestandsmäßige Körperverletzung oder Gesundheitsschädigung").

b) Widerrechtlichkeit des Eingriffs
   aa) wegen Verstoßes gegen die Regeln der ärztlichen Kunst bei der Durchführung des Eingriffs (Behandlungsfehler) oder
   bb) wegen Fehlens einer (wirksamen) Einwilligung des Patienten infolge
      – unterbliebener oder unvollständiger Aufklärung des Patienten oder
      – mangelnder Einsichtsfähigkeit des Patienten in die Folgen eines Eingriffs (Geschäftsunfähigkeit, Bewußtlosigkeit, Geistesstörung), soweit nicht bei unaufschiebbaren Eingriffen die Grundsätze der Geschäftsführung ohne Auftrag eingreifen.

Die Widerrechtlichkeit des medizinischen Eingriffs kann beruhen auf einem Verhalten des untersuchenden beziehungsweise behandelnden Arztes oder des medizinischen Assistenzpersonals.

c) Eintritt einer Gesundheitsschädigung, die entweder
   aa) kausal durch einen Behandlungsfehler verursacht worden ist oder die
   bb) durch die Einwilligung des Patienten in den Eingriff infolge unvollständiger Aufklärung nicht gedeckt ist.

d) Verschulden des Arztes oder des Krankenhausträgers am Eintritt dieses Gesundheitsschadens durch
   aa) Außerachtlassung der im Verkehr erforderlichen Sorgfalt durch den Chefarzt eines Krankenhauses als verfassungsmäßig berufenen Vertreter (Haftung des Krankenhausträgers für eigenes Verschulden und gleichzeitig Haftung des Chefarztes für eigenes Handeln),

bb) Außerachtlassung der im Verkehr erforderlichen Sorgfalt durch einen untersuchenden oder behandelnden Arzt (Haftung für eigenes Verschulden),
cc) Außerachtlassung der im Verkehr erforderlichen Sorgfalt bei der Einstellung und Überwachung von Ärzten und/oder medizinischem Assistenzpersonal (Haftung für widerrechtliches Verhalten von „Verrichtungsgehilfen", wenn der Entlastungsbeweis nicht gelingt),
dd) Außerachtlassung der im Verkehr erforderlichen Sorgfalt bei der Anschaffung und Wartung medizinisch-technischer Geräte (Haftung für widerrechtliches Handeln von Verrichtungsgehilfen, wenn der Entlastungsbeweis nicht gelingt).

Der Verstoß gegen die im Verkehr erforderliche Sorgfalt kann liegen in einem
— Organisationsverschulden des Krankenhausträgers oder des verantwortlichen Arztes für die Einteilung von nachgeordneten Ärzten, Angehörigen des medizinischen Assistenzpersonals bzw. Bereitstellung des erforderlichen Sachbedarfs (Einrichtungen, Apparaturen, Material),
— Auswahl- oder Überwachungsverschulden bei der Tätigkeit von Verrichtungsgehilfen,
— schuldhaften Verletzen der ärztlichen Aufklärungspflicht,
— unter Berücksichtigung der Umstände des Eingriffs vermeidbaren Verstoß gegen die Regeln der ärztlichen Kunst,
— vermeidbaren Fehler bei der Anschaffung bzw. Überwachung medizinisch-technischen Gerätes.

Im Verhältnis zum Geschädigten bzw. dessen Hinterbliebenen haften beamtete Ärzte nach dem neuen Staatshaftungsrecht deliktisch nicht mehr. Insoweit haftet allein der Krankenhausträger, und zwar sowohl bei zivilrechtlichen als auch bei öffentlich-rechtlichen Anstaltsnutzungsverhältnissen.

Die Haftung des Krankenhausträgers richtet sich auch in diesen Fällen ausschließlich nach den deliktrechtlichen Vorschriften des bürgerlichen Rechts, es sei denn, daß der Patient gegen seinen Willen in ärztliche Behandlung genommen worden ist (Zwangsunterbringung).

Ein Regreß gegen den behandelnden bzw. untersuchenden beamteten Arzt durch seinen Dienstherrn ist möglich, jedoch auf Vorsatz und grobe Fahrlässigkeit begrenzt. Bei angestellten Ärzten, soweit nicht ohnehin § 15

Materiell-rechtliche Haftungsgrundlagen

BAT entsprechendes regelt, u. U. in Anwendung der Grundsätze der gefahrgeneigten Arbeit eingeschränkt.

Die Haftung aus unerlaubter Handlung führt über § 847 BGB auch zu einer Verpflichtung und Ersatz des immateriellen Schadens (Schmerzensgeld) und über § 845 BGB auch zur Verpflichtung zum Ersatz von Unterhaltsansprüchen gegenüber Personen, die durch den Tod des Patienten eigene gesetzliche Unterhaltsansprüche diesem gegenüber verlieren.

Letzteres führt dazu, daß im Arzthaftpflichtprozeß in der Regel Vertrags- und Deliktsschuldner nebeneinander in Anspruch genommen werden. Diese haften dem Geschädigten gegenüber als Gesamtschuldner, soweit eine identische Schadensersatzpflicht (Ausklammerung des immateriellen Schadens und des Schadens aus Unterhaltsverpflichtungen bei der Vertragshaftung) besteht.

Im Innenverhältnis der Gesamtschuldner zueinander ist eine Aufteilung des Schadens entsprechend dem Maß der Mitverursachung bzw. Alleinverursachung vorzunehmen.

3. Besondere Ausprägung des materiellen Haftungsrechts bei ärztlichen Behandlungsfehlern durch die Rechtsprechung

3.1 Haftung wegen unterbliebener oder unvollständiger Aufklärung des Patienten

Neben einer Haftung des Arztes aus Behandlungsvertrag (vgl. 2.1) oder wegen der Verletzung ärztlicher Sorgfaltspflichten in Diagnose oder Therapie (vgl. 2.2) gewinnt in forensischer Hinsicht die Haftung des Arztes wegen einer Verletzung der ihm obliegenden Aufklärungspflicht immer mehr an Bedeutung. So werden immer häufiger Schadensersatzansprüche zumindest hilfsweise auf den Vorwurf einer unterlassenen oder unvollständigen Aufklärung gegründet, weil sich der Nachweis eines Behandlungsfehlers möglicherweise als zu schwierig erweist. Da nämlich der ärztliche Eingriff, auch wenn er zu Heilzwecken, kunstgerecht und mit Erfolg durchgeführt wird, von der Rechtsprechung tatbestandsmäßig als Körperverletzung gem. § 223 StGB gewertet wird, bedarf es zu dessen Rechtfertigung der Einwilligung des Patienten, damit der Arzt straffrei bzw. frei von Regressen bleibt. Damit aber die Einwilligung in den ärztlichen Eingriff rechtswirksam erteilt werden kann, muß der Patient zuvor über Art, Umfang und Folgen des geplanten Eingriffs aufgeklärt werden. Denn nur derjenige Patient kann wirksam in einen Eingriff in seine körperliche Unversehrtheit einwilligen, der in der Lage ist, die Konsequenzen des Eingriffs zu ermessen und sich entsprechend zu entscheiden. Die Rechtsprechung leitet dies aus dem Persönlichkeitsrecht des Menschen (Art. 2 Grundgesetz) her, der die Freiheit haben muß, über das eigene körperliche Schicksal auch im Rahmen einer ärztlichen Behandlung selbst und frei zu bestimmen.

Bedarf es zur Rechtfertigung des ärztlichen Eingriffs der Einwilligung des Patienten, kann nur der wissende, also aufgeklärte Patient eine wirksame Einwilligung erteilen, obliegt also dem Arzt die Aufklärungspflicht, so muß der Arzt im Streitfalle auch beweisen, daß er den Patienten richtig und umfassend aufgeklärt hat. Demgegenüber muß der Patient im Rahmen eines Kunstfehlervorwurfs dem Arzt seinen Behandlungsfehler nachweisen, so daß also bei Schadensersatzansprüchen aus Vertragsverletzung oder wegen unerlaubter Handlung der Patient die Beweislast trägt (vgl. 4.3).

Eine wirksame Einwilligung setzt voraus, daß der Patient das Wesen, die Bedeutung und die Tragweite einer geplanten ärztlichen Maßnahme in ihren Grundzügen erkennt, daß er also hierüber vom behandelnden Arzt aufgeklärt wird, sofern er nicht bereits über die entsprechenden Kenntnis-

se verfügt. Für den Arzt ist somit der Inhalt der ärztlichen Aufklärungspflicht von eminenter Bedeutung. Nicht nur im Hinblick auf die dargestellte zunehmende forensische Bedeutung, sondern auch im Hinblick auf ein ungestörtes Vertrauensverhältnis zwischen Arzt und Patient. Der moderne Mensch ist nun einmal wissensbegieriger, als dies vielleicht seine Großväter noch waren. Er ist darüber hinaus durch die Laienpresse, die eine Berichterstattung über medizinische Fragen als publikumswirksam erfahren hat, in zunehmendem Maße aufgeklärt oder besser halbgebildet. Ein solcher Patient wird sich nicht mehr schicksalsergeben in seine Krankheit und damit auch in die Behandlung des Arztes fügen, sondern mit kritischem Blick und einer entsprechenden Anspruchshaltung den Arzt aufsuchen. Bleibt diese Erwartungshaltung unerfüllt, so wird allzu vorschnell dem Arzt die Verantwortung zugewiesen, man ist nicht mehr bereit, einen mangelnden Erfolg der ärztlichen Behandlung als Schicksalsschlag hinzunehmen. In einer Zeit der Macher und Technokraten, in der man glaubt, auch das Glück herbeizwingen oder zumindest kaufen zu können, darf es nicht überraschen, daß der Mißerfolg einer ärztlichen Behandlung oder gar die Verschlimmerung eines Leidens auf ein Verschulden des Arztes zurückgeführt wird.
Hier gerät der Arzt in eine schwierige Konfliktsituation.
Auf der einen Seite muß er den Patienten möglichst umfassend aufklären, sowohl um der Wißbegier des Patienten gerecht zu werden, als auch um sich selbst gegenüber eventuellen Vorwürfen exkulpieren zu können. Zum andern aber muß der Arzt auch auf seinen Patienten Rücksicht nehmen, der vielleicht in der Stunde der Wahrheit sehr viel schwächer ist, als er dies zunächst vorgegeben und sich selbst eingestanden hat. Gerade der erfahrene Arzt wird aus eigenem Erleben wissen, wieviel Schaden einem Kranken zugefügt werden kann, dem zu viel über die wahre Natur seiner Krankheit gesagt wurde. Nur wenige Menschen können eine schreckliche Wahrheit über sich selbst ertragen und noch viel weniger wollen diese Wahrheit überhaupt wahrhaben. Der Begriff der „frommen Lüge" stammt nicht umsonst aus dem Bereich der tätigen Nächstenliebe.
In diesem Konflikt zwischen Aufklärung und Verschweigen wird der heutige Arzt von der Rechtsprechung und auch von den Juristen weitgehend im Stich gelassen. Nicht nur daß eine unübersehbare Flut von Rechtsprechungskasuistik den Arzt verwirren muß, auch die Ratschläge von Juristen an Ärzte, in welcher Form und mit welchem Inhalt die Aufklärung zu praktizieren sei, sind derart widersprüchlich, daß sich der Arzt hieraus keinen Reim machen kann. Auch der Verfasser bekennt

freimütig, daß er dem Arzt keine praktikable Gebrauchsanweisung an die Hand geben kann, bei deren Anwendung der Arzt gegen alle Eventualitäten gefeit ist. Man kann bereits darüber trefflich streiten, ob es besser ist, den Arzt mit einer kasuistischen Darstellung der Rechtsprechung zu informieren oder aber ob eine abstrakte Darstellung der Spruchpraxis von Vorteil ist.

Wenn im nachfolgenden der Versuch unternommen wird, die Rechtsprechung, insbesondere die höchstrichterliche Rechtsprechung auf abstrakte Aussageinhalte zu reduzieren und in eine systematische Form zu bringen, so geschieht dies durchaus in dem Bewußtsein, daß dadurch möglicherweise die Aussage einer Entscheidung verkürzt oder gar verzerrt wird. Auch die nachfolgende, formelhafte Darstellung der Rechtsprechung zur ärztlichen Aufklärungspflicht kann nur einen Anhaltspunkt darstellen und darf nicht darüber hinwegtäuschen, daß sich der Arzt in jedem Einzelfall von neuem mit der Frage auseinandersetzen muß, wie, mit welchem Inhalt und in welchem Umfang der Patient über das Wesen, die Bedeutung und die Tragweite eines ärztlichen Eingriffs diagnostischer oder therapeutischer Art aufzuklären ist.

1. Durch die Aufklärung soll der Patient in die Lage versetzt werden, sich für oder gegen den Eingriff zu entscheiden. Dies setzt voraus, daß er in einer seinem Verständnisvermögen angepaßten Weise darüber informiert wird, wie es um ihn steht, was mit ihm geschehen soll und welche Folgen sich daraus ergeben.

2. Ausgangspunkt der Aufklärung ist zunächst der Befund. Nur das Wissen um den Befund macht den Patienten einsichtsfähig in die Notwendigkeit des ärztlichen Eingriffs und einsichtsfähig für den Entschluß zur Einwilligung.

3. Auf eine Diagnoseaufklärung kann dort verzichtet werden, wo die Offenbarung der wahren Natur der Erkrankung zu einer ernsten und nicht behebbaren Gesundheitsschädigung des Patienten führen würde.

   Diese Rechtsprechung des BGH wird in der Literatur ganz allgemein heftig kritisiert und als zu eng abgelehnt (NJW 1969, 814). Überwiegend vertritt die Literatur den Standpunkt, daß die Nichtaufklärung zugunsten des Patienten (sogenanntes therapeutisches Privileg des Arztes) bereits dann zulässig sei, wenn eine erhebliche Störung des Gesundheitszustandes, auch des psychischen, zu befürchten sei.

Besondere Ausprägung des materiellen Haftungsrechts 51

4. Trotz der Gefahr einer erheblichen Gesundheitsgefährdung ist eine Diagnoseaufklärung aber dann erforderlich, wenn nur auf diese Weise die Einwilligung des Kranken in eine notwendige Behandlung zu erhalten ist. In diesem Fall muß eine eventuelle seelische Störung in Kauf genommen werden, um dem Patienten die Behandlung doch zukommen zu lassen.
5. Durch die Mitteilung der Art und des Umfanges des ärztlichen Eingriffs soll der Patient darüber informiert werden, was mit ihm und mit welchen Mitteln geschieht. Der Arzt muß dem Patienten den vorgesehenen Eingriff in seinen Grundzügen, also nicht in allen Einzelheiten darstellen, damit sich der Patient eine richtige Vorstellung über Wesen und Tragweite des ärztlichen Eingriffs bilden kann. Der Arzt soll das Wesentliche in verständlicher Weise darstellen, nicht medizinisches Wissen vermitteln. Keinesfalls darf der Patient über den Umfang im unklaren gelassen werden; eine Totaloperation statt des angekündigten kleinen Eingriffs wird von der Einwilligung nicht gedeckt.
6. Stehen zur Behandlung der Krankheit mehrere Behandlungsmethoden zur Verfügung (z. B. die Wahl zwischen Operation und Bestrahlung), so muß der Patient hierüber unterrichtet werden. Dabei darf allerdings der Arzt darauf hinweisen, daß er die eine Behandlungsmethode aus bestimmten Gründen bevorzugt. Will der Arzt jedoch von der üblichen Methode der Schulmedizin abweichen, so muß er den Patienten darauf hinweisen und die Abweichung begründen. Nach neuester Rechtsprechung muß der Arzt sogar bei Anwendung einer hergebrachten Operationsmethode darauf hinweisen, wenn gegen diese Methode neuerdings in der Literatur gewichtige Stimmen erhoben werden.
7. Der schwierigste Teil in der Aufklärung und der auch umstrittenste in Literatur und Rechtsprechung ist die Aufklärung über die notwendigen und möglichen Folgen des beabsichtigten Eingriffs, die sogenannte Risikoaufklärung. Der Patient soll also darüber informiert werden, welche möglichen Gefahren mit der Behandlung verbunden sind. Erst die Zustimmung des Patienten trotz dieses Wissens stellt eine Verwirklichung des Selbstbestimmungsrechts des Patienten dar. Dabei ist nicht nur über die Mortalitätsquote, sondern auch über die zu erwartende oder mögliche Komplikation aufzuklären.
8. Die Aufklärung über Komplikationen bzw. Folgen des Eingriffs muß zunächst einmal die notwendig auftretenden Folgen erfassen, z. B. den

Verlust der Gebärfähigkeit etc. Andererseits braucht jedoch nicht auf beherrschbare Gefahren sowie auf solche Komplikationen hingewiesen werden, die schlechthin mit jedem Eingriff dieser Art verbunden sind, auch mit dem harmlosesten, und die ein verständiger Patient ohne weiteres in Rechnung stellt, wie z. B. die Gefahr von Embolien, Blutungen etc.

9. Im Bereich der möglichen, nicht beherrschbaren und nicht üblichen Komplikationen hängt die Notwendigkeit der Aufklärung von der sogenannten Komplikationsrate sowie von der Dringlichkeit des Eingriffs ab, wobei beide Faktoren in einer Wechselwirkung zueinander stehen. Aber auch der Umfang des möglichen Schadens spielt eine maßgebliche Rolle.

10. Die früher sehr wesentliche Komplikationsrate ist heute für das Maß der Aufklärung nicht mehr das entscheidende Kriterium. Insbesondere gibt es heute keine feste Seltenheitsgrenze mehr. Vielmehr hat der BGH (NJW 1972, 335; 1980, 1905) festgestellt, daß auch bei extrem seltenen Risiken jedenfalls dann aufzuklären ist, wenn die Dringlichkeit des Eingriffs gering ist oder wenn es sich gar um eine kosmetische Operation handelt. Vor allem, wenn auch noch die Schwere der möglichen Schädigung besonders groß ist. Als gefestigte Rechtsprechung und als anerkannt in der Literatur kann man heute den Grundsatz bezeichnen:

Je dringlicher ein Eingriff ist, desto geringer sind die Anforderungen an den Umfang der Aufklärung. Je weniger dringlich der Eingriff ist, desto größer sind dagegen die Anforderungen an die Aufklärung.

So wird sich der Arzt bei einer Vitalindikation auf ein Minimum an Aufklärung beschränken können bzw. wird die Einwilligung des Patienten darin erblicken können, daß der Patient der mitgeteilten Operationsabsicht nicht widerspricht. Bei kosmetischen Operationen dagegen, aber auch bei diagnostischen Eingriffen muß der Arzt eventuell auftretende Risiken auch dann erwähnen, wenn sie von geringerer Schwere sind oder zahlenmäßig selten auftreten. Ist bei derartigen Eingriffen die Schwere des Risikos besonders groß, zum Beispiel der Verlust der Hörfähigkeit, so ist auch bei extrem selten auftretenden Risiken eine Aufklärung geboten.

11. Im Zusammenhang mit der Schwere des Schadens sind die individuellen Verhältnisse des Patienten zu berücksichtigen, also inwieweit der Schaden für diesen Patienten von Bedeutung ist. So muß z. B. ein

Sänger im Zusammenhang mit einer Kropfoperation über die mögliche Gefahr einer Stimmbandlähmung aufgeklärt werden.
12. Über eine eventuell notwendig werdende Operationserweiterung ist immer dann aufzuklären, wenn sie als typische Folgemöglichkeit vorhersehbar ist. So muß z. B. bei der Entfernung eines Myoms auch auf die mögliche Notwendigkeit der Entfernung der Gebärmutter hingewiesen werden.
13. Stellt sich während der Operation ein nicht vorhersehbares erhöhtes Operationsrisiko ein, so muß der Arzt nach Meinung des BGH (Urteil vom 2. 11. 1976) die Operation unterbrechen, um eine erneute Einwilligung einzuholen, sofern die Operation ohne Gefährdung des Patienten unterbrochen werden kann. Würde dagegen die Unterbrechung den Patienten in mindest ebenso hohem Maße gefährden wie die Fortsetzung der Operation, so kann der Arzt von der mutmaßlichen Einwilligung des Patienten ausgehen.
14. Eine Aufklärung ist dann nicht — nicht mehr — erforderlich, wenn der Patient bereits aufgeklärt ist, sei es durch einen anderen Arzt, z. B. durch den einweisenden Arzt, oder weil der Patient auf Grund seines Berufes, seiner bisherigen Krankheitsgeschichte etc. darüber informiert ist. Gegebenenfalls muß der Grad der Aufklärung nochmals geprüft werden.
15. Schließlich ist eine Aufklärung dort nicht erforderlich, wo der Patient ausdrücklich darauf verzichtet.
16. Die Aufklärung soll zu einem Zeitpunkt erfolgen, zu dem der Patient sich noch im vollen Besitz seiner Erkenntnis- und Entschlußfähigkeit befindet. Auch soll ihm bis zum Eingriff eine angemessene Überlegungsfrist bleiben. Im Lichte der diesbezüglichen Rechtsprechung erscheint es zumindest problematisch, wenn am Vortag der Operation aufgeklärt wird, insbesondere am Vorabend, wenn der Patient bereits unter dem Einfluß sedierender Mittel steht. In jedem Fall muß aber entschieden abgelehnt werden, den Patienten erst auf dem Weg in den OP aufzuklären — von dem Fall einer vitalen Indikation abgesehen.
17. Die Aufklärung muß nicht durch den Arzt vorgenommen werden, der den Eingriff vornimmt. Dies mag bei besonders schwierigen, mit einer akuten Lebensgefahr verbundenen Eingriffen anders sein, die ein besonderes Vertrauensverhältnis zwischen Patient und Operateur erfordern.
18. Von der Risikoaufklärung als Einwilligungsvoraussetzung ist die sogenannte nachwirkende Aufklärung zu unterscheiden, also die

Aufklärung des Patienten darüber, wie er sich im Anschluß an eine ärztliche Behandlung verhalten muß, sei es um medikamentöse Nachwirkungen etc. zu beachten, sei es um den Patienten zu einer sachgerechten Nach- und Weiterbehandlung zu motivieren. Diese nachwirkende Aufklärung hat mit unserem Problem von Aufklärung und Einwilligung nichts zu tun. Sie ist nicht Wirksamkeitsvoraussetzung für die Einwilligung und damit die Behandlung, sondern stellt vielmehr eine Nebenpflicht aus dem ärztlichen Behandlungsvertrag dar.

Für den Arzt ist es wichtig zu wissen, daß nicht nur therapeutische Eingriffe, insbesondere Operationen der Einwilligung und somit auch der Aufklärung bedürfen, sondern auch diagnostische Eingriffe, sofern mit ihnen ein Risiko verbunden ist. Dies gilt insbesondere für die moderne invasive Diagnostik, die oft mit einem erheblichen, wenn auch seltenen Risiko verbunden ist. So hat z. B. der BGH die Notwendigkeit der Aufklärung bei einer Nierenbiopsie ausdrücklich bejaht, obwohl die Wahrscheinlichkeit für den Organverlust nur etwa bei 0,1 Prozent liegt.

Ebenso muß der Arzt auch über die Risiken einer Medikation aufklären, so z. B. über die Gefahr der Ertaubung infolge einer parenteralen Neomycin-Therapie bei einem Nierenpatienten.

Voraussetzung einer wirksamen Einwilligung ist aber nicht nur eine entsprechende Aufklärung, Voraussetzung ist auch, daß der Patient überhaupt in der Lage ist, in die Behandlung einzuwilligen. Diese Frage stellt sich insbesondere bei minderjährigen oder bei geistig behinderten Menschen.

Die Einwilligungsfähigkeit ist entgegen einer weitverbreiteten Meinung nicht identisch mit der Geschäftsfähigkeit. Einwilligungsfähig kann auch ein minderjähriger Patient sein, der im konkreten Fall die Tragweite des ärztlichen Eingriffs für Körper, Beruf und Lebensglück ermessen kann oder wenn er — so der BGH — nach seiner geistigen und sittlichen Reife die Bedeutung und Tragweite des Eingriffs und seiner Gestattung abzuwägen vermag.

Auch hier können dem Arzt keine festen Anhaltspunkte oder Regeln an die Hand gegeben werden. Insbesondere ist es nicht möglich, eine bestimmte Altersgrenze zu ziehen, weil eben die Verstandesreife sehr unterschiedlich sein kann. Auch kommt es gerade hier besonders auf die Bedeutung und die Dringlichkeit des ärztlichen Eingriffs an. In Zweifelsfällen sollte der Arzt daher vorsorglich neben der Einwilligung des

Besondere Ausprägung des materiellen Haftungsrechts 55

Patienten auch die Einwilligung der Eltern bzw. des oder der gesetzlichen Vertreter einholen.
Verweigern die Eltern aus religiösen Gründen einen notwendigen Eingriff, so muß sich der Arzt mit dem Vormundschaftsgericht in Verbindung setzen, das auf seinen Antrag hin die zur Abwendung der Gefahr erforderliche Entscheidung trifft. In Eilfällen kann eine solche Anrufung des Vormundschaftsgerichts auch durchaus telefonisch erfolgen. Ist aber auch dafür keine Zeit mehr, weil das Leben des Kindes in Gefahr ist, so kann der Arzt den notwendigen Eingriff auch gegen den Willen der Eltern vornehmen. Er ist in einem solchen Fall durch den Rechtfertigungsgrund des rechtfertigenden Notstandes gem. § 34 StGB exkulpiert.
Die Frage der Beweissicherung hinsichtlich der durchgeführten Aufklärung ist ein derart umstrittenes und vielschichtiges Thema, daß eine ausführliche Darstellung den Umfang dieser Schrift sprengen würde. *Es soll hier daher nur der kurze Hinweis gegeben werden, sich in jedem Fall schriftlich bestätigen zu lassen, wann, zwischen wem, ggf. mit welchen Zeugen ein Aufklärungsgespräch über welchen Eingriff stattgefunden hat.* Allerdings wird dringend empfohlen, bei risikoreicheren Eingriffen bzw. bei erhöhtem Risiko auf Grund des individuellen Zustands des Patienten das Aufklärungsgespräch nur in Anwesenheit eines erfahrenen Mitarbeiters durchzuführen. Außerdem sollte in solchen Fällen möglichst der Inhalt des Gesprächs stichwortartig in der Krankengeschichte vermerkt werden.
Der wichtigste Hinweis ist jedoch der: Auch das umfangreichste Formular darf niemals das Aufklärungsgespräch ersetzen.

3.2 Haftung wegen Organisationsverschuldens

In der modernen, arbeitsteiligen Welt stellt sich oft die Frage, ob der unmittelbar Handelnde für den von ihm ursächlich gesetzten Schaden verantwortlich ist oder vielmehr derjenige, der die betreffende Person für die Verrichtung ausgewählt und eingesetzt hat. Die Haftung des Vorgesetzten oder des Betriebsinhabers, sei es nun ein niedergelassener Arzt oder ein Krankenhausträger, kann sich in solchen Fällen aus den Grundsätzen über die Haftung für fremdes Verschulden gem. § 831 BGB (vgl. oben 2.2.3) und den ergänzenden Regelungen über Organisationsverschulden ergeben. Gerade im Krankenhausbereich ist der Gedanke des Organisationsverschuldens besonders aktuell, und zwar nicht nur für den

Krankenhausträger selbst, sondern auch für den leitenden Krankenhausarzt, der vom Krankenhausträger mit der verantwortlichen Leitung eines medizinischen Bereichs, insbesondere einer Fachabteilung betraut wurde.
Die Haftung aus Organisationsverschulden setzt eine Leitungs- und Aufsichtspflicht voraus, die dem leitenden Krankenhausarzt regelmäßig in dessen Dienstvertrag übertragen wird. Setzt der leitende Krankenhausarzt im Rahmen der Sicherstellung der ärztlichen Versorgung der stationären Patienten seiner Abteilung Ärzte zu bestimmten Verrichtungen ein, obwohl diese noch nicht über die erforderlichen Kenntnisse und Erfahrungen zur Beherrschung aller mit der Verrichtung verbundenen Risiken verfügen, so haftet der leitende Arzt für den eingetretenen Schaden entweder allein oder zumindest gesamtschuldnerisch mit dem Handelnden, weil er die ihm obliegende Unterweisungs- und Überwachungspflicht verletzt hat. In gleicher Weise haftet der leitende Krankenhausarzt dafür, daß — jedenfalls im Rahmen des ihm vom Krankenhausträger zur Verfügung gestellten Personals — nur entsprechend ausgebildetes Personal für den Bereitschaftsdienst eingesetzt wird. Gleiches gilt auch für den Einsatz von Bedienungspersonal für medizinische Geräte und sonstige technische Einrichtungen.
Ein besonderes Problem im Rahmen der Organisationsverantwortung des leitenden Krankenhausarztes ist die Frage, inwieweit Pflegepersonal mit der Durchführung von Injektionen, Infusionen und Blutentnahmen betraut werden dürfen.
Die umfangreiche Diskussion über dieses Thema kann an dieser Stelle nicht dargestellt und vertieft werden. Als zusammenfassendes Ergebnis sei darauf hingewiesen, daß die Durchführung von Injektionen, Infusionen und Blutentnahmen auf Anordnung des Arztes durch das Pflegepersonal zulässig ist und aufgrund jahrzehntelanger Praxis im Krankenhaus und in der freien Praxis der niedergelassenen Ärzte zum Berufsbild dieses Personals gehört. Solange jedoch die Durchführung dieser Tätigkeiten nicht zum Ausbildungsinhalt der Pflegeberufe gehört, darf der Arzt diese Tätigkeiten einer Pflegeperson nur dann übertragen, wenn er von ihr weiß, daß sie über die erforderlichen Kenntnisse und Fähigkeiten verfügt. Gegebenenfalls muß der Arzt die Pflegeperson zunächst entsprechend anleiten und die Durchführung persönlich überwachen, bis er sich die Gewißheit verschafft hat, daß die Pflegeperson zur selbständigen Durchführung geeignet ist. Darüber hinaus empfiehlt sich auch eine Kontrolle der erworbenen Fähigkeiten in regelmäßigen Zeitabständen. Um der

Besondere Ausprägung des materiellen Haftungsrechts 57

Pflegeperson auch selbst eine innere Sicherheit bei der Durchführung dieser Tätigkeiten zu vermitteln, sollte der Besitz der Fähigkeiten durch den leitenden Arzt bzw. ärztlichen Direktor des Krankenhauses schriftlich bescheinigt werden (sogenannte Spritzenbescheinigung). Wird die Pflegeperson in diesem aufgezeigten Rahmen tätig, so trägt sie nur die Verantwortung dafür, daß sie die angeordnete Verrichtung entsprechend ihren Kenntnissen und Fähigkeiten ordnungsgemäß durchführt. Der Arzt dagegen trägt die volle Verantwortung für die ordnungsgemäße Anordnung der Verrichtung und für die richtige Auswahl der Pflegekraft, also die Führungs- oder Organisationsverantwortung.

In ähnlicher Weise obliegt dem leitenden Krankenhausarzt die Verpflichtung, die ordnungsgemäße Aufklärung der Patienten durch seine ärztlichen Mitarbeiter sicherzustellen. Er muß sich hierzu zunächst einmal davon überzeugen, daß seine Mitarbeiter, insbesondere die jüngeren Assistenzärzte, über die wesentlichen Rechtssprechungsgrundsätze zur ärztlichen Aufklärungspflicht informiert sind und die Technik des Aufklärungsgesprächs beherrschen. Weiterhin muß er durch eine klare Anweisung dafür Sorge tragen, daß die notwendige Aufklärung bei allen Patienten durchgeführt und eine entsprechende Dokumentation des Aufklärungsgesprächs sichergestellt wird. Durch regelmäßige Kontrollen muß er sich Gewißheit darüber verschaffen, daß die Aufklärung und Einwilligung des Patienten in seiner Abteilung durch alle ärztlichen Mitarbeiter ordnungsgemäß durchgeführt wird.

Die Organisationsverantwortung des leitenden Krankenhausarztes hat aber dort seine Grenzen, wo ihm entweder durch seinen Dienstvertrag keine Kompetenzen eingeräumt sind oder aber der Krankenhausträger im Rahmen seines Direktionsrechts Organisationsentscheidungen getroffen hat, die für den leitenden Arzt verbindlich sind. Dann trifft allein den Krankenhausträger selbst die Haftung wegen eines Organisationsfehlers.

Dieser Gesichtspunkt ist besonders aktuell im Rahmen der Personalausstattung und der Diskussion um die erforderlichen und ausreichenden Stellenpläne im Krankenhaus. Ist die Personalausstattung also derart knapp, daß das Personal überlastet ist, so haftet der Krankenhausträger für den durch eine Überlastung verursachten Schaden. Und zwar haftet der Krankenhausträger dann allein für diesen Schaden, wenn der leitende Arzt ihn auf die unzureichende Ausstattung hingewiesen hat.

Ein sehr wichtiger Bereich der Haftung des Krankenhausträgers für Organisationsverschulden ist die Schaffung klarer und abgegrenzter

Verantwortungsbereiche und Kompetenzen im Krankenhaus. Versäumt es der Krankenhausträger, in seinem Betrieb für eindeutige Verantwortungsstrukturen und Führungskompetenzen zu sorgen, so haftet er für daraus resultierende Schäden.

3.3 Haftung bei Arbeitsteilung

Die Aufteilung eines Arbeitsprozesses in mehrere Leistungsbereiche führt nicht nur zu der Frage nach der Haftung für die richtige Organisation der Aufteilung, vielmehr muß auch die Frage danach gestellt werden, wer und in welchem Umfange die Haftung für die sorgfältige Durchführung der einzelnen Leistungsteile trägt. Streitfragen vielfältiger Art hat es hier insbesondere beim Zusammenwirken mehrerer verschiedener Fachgebiete gegeben, z. B. bei der Versorgung von Intensivpatienten durch Internisten und Anästhesisten, bei der Durchführung von Operationen durch Chirurgen und Anästhesisten etc. Auf das Problem des Organisationsverschuldens im Rahmen der Mitarbeiterführung wurde bereits oben (vgl. 3.2) eingegangen. Die Führungsverantwortung des Vorgesetzten schließt aber eine Haftung des Mitarbeiters für eigene Sorgfaltspflichtverletzung nicht aus.
Ganz allgemein kann man sagen, daß jeder zunächst einmal für die sorgfältige und ordnungsgemäße Durchführung der ihm obliegenden Aufgaben verantwortlich ist. Durch Arbeitsteilung, Delegation und Anordnung wird die personale Verantwortung also nicht aufgehoben.
Übernimmt ein Arzt kraft eigener Entscheidung die ärztliche Behandlung eines Patienten, so haftet nur er und ausschließlich für Behandlungsschäden.
Zieht dagegen ein Arzt einen anderen Arzt zur Mitbehandlung hinzu, so hat der hinzuziehende Arzt in der Regel nur seinen eigenen Leistungsbereich zu verantworten, während der hinzugezogene Arzt selbst für die ordnungsgemäße Durchführung seines Leistungsanteils haftet. Der hinzuziehende Arzt würde — sofern er bei der Auswahl entscheidungsfrei ist — nur für die richtige Auswahl des hinzugezogenen Arztes sowie für dessen richtige Information über die Anamnese und die Vorbehandlung haften. Dies gilt insbesondere bei einem zur Behandlung hinzugezogenen Konsiliararzt. Eine Haftung für die sorgfältige Auswahl scheidet aber dann aus, wenn im Krankenhaus der für dieses Fachgebiet zuständige

Arzt gerufen wird. Hat der Krankenhausträger darüber bestimmt, welcher Arzt für welches Fachgebiet zuständig ist, so haftet der hinzuziehende Arzt nur noch für die rechtzeitige Hinzuziehung des Fachkollegen.
Bei der interdisziplinären Zusammenarbeit auf der Intensivstation oder am Operationstisch entscheidet sich die Frage der Verantwortung und somit Haftung zunächst einmal nach der im Weiterbildungsrecht vorgenommenen Aufteilung und Abgrenzung der medizinischen Gebiete und Teilgebiete. Ergänzend muß aber noch hinzukommen eine entsprechende organisatorische Aufteilung und Abgrenzung der Zuständigkeits- und Verantwortungsbereiche.
Enthält das ärztliche Berufs- und Weiterbildungsrecht Überschneidungen, so muß der Krankenhausträger in Absprache mit den betreffenden Ärzten eine Abgrenzung der Verantwortungsbereiche vornehmen. Soweit es über derartige Abgrenzungen Vereinbarungen zwischen ärztlichen Berufsverbänden gibt, sollte sich der Krankenhausträger allerdings danach richten. So gibt es z. B. Abgrenzungsvereinbarungen zwischen Chirurgen und Anästhesisten, Chirurgen und Urologen, Chirurgen und Röntgenologen, sowie zwischen Internisten und Anästhesisten.
Gerade im Rahmen der Zusammenarbeit zwischen Chirurgen und Anästhesisten kommt es dennoch immer wieder zu Streitfragen über die Verantwortung, mit denen sich wiederholt die Rechtsprechung befassen mußte.
So befaßte sich der BGH 1979 (NJW 1980, 649) mit der Frage der Abgrenzung zwischen der Verantwortung des Chirurgen und des Anästhesisten in der präoperativen Phase. Nach Meinung des BGH entscheidet der Chirurg nach eingehender Untersuchung und im Einverständnis mit dem Patienten, ob, wo und wann der Eingriff durchgeführt werden soll. Der Chirurg wägt das Operationsrisiko ab und kalkuliert zumindest auch das allgemeine Risiko einer Narkose mit ein. Demgegenüber obliegt nach Meinung des BGH dem Anästhesisten die präoperative Versorgung des Patienten, er bestimmt das Narkoseverfahren und trifft danach seine Vorbereitungen, zu denen es auch gehört, sich von der Nüchternheit des Patienten zu überzeugen und bei nicht gegebener Nahrungskarenz von 6 bis 8 Stunden die naheliegende Gefahr einer Aspiration zu vermeiden. Im Rahmen dieser Aufgabenteilung kann sich der Anästhesist darauf verlassen, daß der Operateur die eigene Tätigkeit sachgemäß mit der des Narkosearztes koordiniert, insbesondere die richtige Diagnose stellt, auf der das Narkoseverfahren aufbaut, und den Narkosearzt rechtzeitig und voll-

ständig über die Anforderungen unterrichtet, welche die beabsichtigte Narkose stellen wird. Danach kann es also nicht die Pflicht des Anästhesisten sein, das Untersuchungsergebnis des Chirurgen auf seine Richtigkeit hin zu überprüfen. Etwas anderes kann nur dann gelten, wenn besondere Umstände vorliegen, die Zweifel an der Diagnose rechtfertigen. Denn bei der ärztlichen Zusammenarbeit im Operationssaal muß — so der BGH — der Vertrauensgrundsatz zur Anwendung kommen. Dieser Grundsatz besagt, daß im Interesse eines geordneten Ablaufs der Operation sich die dabei beteiligten Fachärzte grundsätzlich auf die fehlerfreie Mitwirkung des Kollegen aus der anderen Fachrichtung verlassen können. Ohne diesen Vertrauensgrundsatz würde jede Form der Zusammenarbeit im Operationssaal fragwürdig.

Im Rahmen der intraoperativen Phase ist der Anästhesist voll für die Überwachung der Narkose verantwortlich. Nach einer Entscheidung des BGH zur Simultannarkose muß der Anästhesist gerade bei der Intubationsnarkose präsent sein, damit er bei Zwischenfällen wirksam eingreifen kann. Er muß also nicht jede Narkose höchstpersönlich überwachen, sondern vielmehr entsprechend qualifizierte Mitarbeiter, auch nichtärztliche Mitarbeiter, zur Überwachung der Geräte einsetzen.

Steht ein Fachanästhesist nicht zur Verfügung, so trägt der Operateur die Verantwortung für die Durchführung der Narkose. Er muß dann aber einen solchen ärztlichen Mitarbeiter einsetzen, von dessen hinreichenden Qualifikationen für die Anästhesie der Operateur sich überzeugt hat. Der insoweit eingesetzte Assistenzarzt muß wiederum in der Lage sein, jederzeit persönlich einzugreifen.

Auch in der postoperativen Phase bestätigt der BGH in einer anderen Entscheidung von 1979 diejenige Aufgabenverteilung, die unter den betroffenen Arztgruppen seit vielen Jahren praktiziert wird. So soll bei Frischoperierten der Verantwortungsbereich des Anästhesisten auf die postnarkotische Phase beschränkt bleiben, sofern der Anästhesist vom Krankenhausträger nicht mit weitergehenden Aufgaben betraut wurde, wie z. B. mit der Leitung der Wachstation. Grundsätzlich sollen Nachuntersuchung und Nachbehandlung in die Kompetenz des Anästhesisten fallen, soweit sie unmittelbar mit dem Betäubungsverfahren in Zusammenhang stehen. Demgegenüber trägt der Chirurg in der postoperativen Phase die Verantwortung für alle Komplikationen, die sich aus der Operation selbst ergeben, wie z. B. Nachblutungen. Etwas anderes soll nur dann gelten, wenn zwischen den beteiligten Ärzten konkrete Absprachen über eine Zuständigkeitsabgrenzung getroffen wurden.

Das Prinzip der Verantwortung für die eigene Sorgfalt gilt auch im Mitarbeiterverhältnis. Für den Mitarbeiter allerdings nur insoweit, als er den ihm übertragenen Aufgaben überhaupt gewachsen ist. Aber auch der ungeeignete Mitarbeiter kann dann aus sogenanntem Übernahmeverschulden zur Verantwortung gezogen werden, wenn er die Übernahme der Aufgabe nicht abgelehnt hat, obwohl er erkennen konnte und mußte, daß er dieser Aufgabe nicht gewachsen war. Gerade im letzteren liegt allerdings die Problematik. Oft kann nämlich der Unerfahrene seine Überforderung gar nicht erkennen, so daß er wiederum exkulpiert ist.

Die Frage der Arbeitsteilung wirft auch das Problem auf, wer für die Aufklärung des Patienten zuständig ist.

Im Rahmen einer Fachabteilung muß der Operateur die Aufklärung des Patienten nicht selbst durchführen, sofern es sich nicht um einen sehr speziellen Eingriff handelt, dessen Gefahren und Risiken in Wechselwirkung zu dem individuellen Zustand des Patienten nur der Operateur selbst richtig abwägen kann. Ansonsten kann also durchaus der jeweilige Stationsarzt mit der Aufklärung beauftragt werden.

In der innerdisziplinären Zusammenarbeit ist jeder Arzt für die Aufklärung über denjenigen Bereich zuständig, für dessen Durchführung er die Verantwortung trägt. Soweit der BGH davon ausgeht, daß der Chirurg neben dem Operationsrisiko auch das allgemeine Narkoserisiko abwägt, muß dann der Chirurg konsequenterweise auch darüber den Patienten aufklären. Kein Anästhesist sollte sich allerdings darauf verlassen, daß der Patient bereits über das allgemeine Narkoserisiko aufgeklärt wurde und er sich auf spezielle Risiken beschränken könne.

Auch in der Zusammenarbeit zwischen der freien Praxis und dem Krankenhaus stellt sich die Frage, wer für die Aufklärung zuständig ist. So hat der BGH in einer Entscheidung von 1980 (NJW 1980, 1905) festgestellt, auch der den Patienten zu einer Operation in das Krankenhaus einweisende Arzt hafte für die ordnungsgemäße Aufklärung des Patienten. Diese Entscheidung hat sicherlich zu Recht erhebliche Verwirrung und auch Kritik hervorgerufen. Diese Aussage des BGH kann sicherlich in so apodiktischer Form nur in denjenigen Fällen gelten, in denen der einweisende Arzt die endgültige Operationsentscheidung trifft. Sicherlich wird zu dieser Frage noch nicht das letzte Urteil gesprochen sein. Jeder Bereich ist daher gut beraten, wenn er die — bei isolierter Betrachtungsweise — ihm obliegende Aufklärungspflicht auch realisiert. Rät der Arzt einem Patienten also zur Operation und bewegt den Patienten dazu, sich zur Durchführung dieser Operation ins Krankenhaus zu begeben, so sollte dieser Arzt den Patienten zugleich auch in allgemeiner Form über die Art, den Umfang und die Folgen des Eingriffs aufklären. Insbesondere über spezielle und seltenere Risiken wird der Hausarzt gar nicht aufklären können. Aber auch der Krankenhausarzt sollte in jedem Fall der Aufklärungspflicht in vollem Umfange entsprechen, selbst wenn der Patient zu erkennen gibt, daß sein Hausarzt mit ihm bereits über diese Dinge gesprochen hat. Dieser Grundsatz sollte insbesondere auch deshalb befolgt werden, weil auch bei einer richtigen und umfassenden Aufklärung nicht unbedingt davon ausgegangen werden kann, daß der Patient dies alles bereits richtig aufgenommen und verstanden hat. Solange also die Fragen einer Aufteilung der Aufklärungspflicht zwischen dem einweisenden und dem Krankenhausarzt noch nicht eindeutig geklärt sind, sollte sich keiner auf den anderen verlassen oder berufen.

3.4 Haftung wegen technischer Mängel

Eine zunehmende Bedeutung in forensischer Hinsicht gewinnt die Haftung des Arztes wegen technischer Mängel der von ihm eingesetzten medizinischen Geräte. Dem Arzt wird nämlich nicht nur die stetige Fortbildung und Aktualisierung seiner Wissens zur Pflicht gemacht, sondern zugleich erwartet man von ihm auch den Einsatz moderner, dem aktuellen Entwicklungsstand entsprechenden Geräte. Dabei gilt auch im Bereich der Medizintechnik, daß mit dem technischen Fortschritt zugleich auch die Risiken zunehmen. So stellt sich dann die Frage, in welchem Ausmaß der Arzt die Funktion des Gerätes verstehen und einzelne technische Details kennen muß. Dabei ist die eventuelle Haftung des Arztes grundlegend von der Produzentenhaftung des Herstellers des Gerätes zu unterscheiden, der den verletzten Patienten gegenüber im Rahmen einer Beweislastumkehr insoweit haftet, als sich die schadensverursachenden Vorgänge im Organisations- und Gefahrenbereich des Herstellers, also in dem Bereich von Konstruktion, Produktion und Instruktion ereignet haben.

Rechtsgrundlage für die Haftung des Arztes ist zunächst einmal der ärztliche Behandlungsvertrag, wonach der Arzt zur optimalen Diagnostik und Therapie unter Einsatz ordnungsgemäßer Geräte verpflichtet ist. Dies bedingt auch die Verpflichtung, eine richtige Bedienung des Gerätes sowie die regelmäßige Überwachung und Instandhaltung sicherzustellen.

Im Rahmen der Bedienung des Gerätes verlangt die Rechtsprechung nicht, daß der Arzt alle technischen Details kennt und beherrscht, weil es hierfür entsprechende Techniker und Ingenieure bzw. Wartungsdienste der Hersteller gibt. Der BGH (NJW 1978, 584) fordert jedoch von dem Arzt, daß dieser alle bestimmungsgemäßen Möglichkeiten seines Geräts geläufig zu nutzen versteht, insbesondere wenn diesem Gerät zeitweilig lebenswichtige Funktionen des Patientenorganismus übertragen werden, wie zum Beispiel bei einem Narkosegerät (Spiromat).

Nach Auffassung des BGH bringt es die zunehmende Technisierung der modernen Medizin mit sich, daß der Arzt nicht mehr alle technischen Einzelheiten der ihm verfügbaren Geräte zu erfassen und gegenwärtig zu haben vermag. Das befreit ihn jedoch nicht von der Verpflichtung, sich mit der Funktionsweise insbesondere von solchen Geräten, deren Einsatz für den Patienten vitale Bedeutung hat, wenigstens insoweit vertraut zu machen, wie dies einem naturwissenschaftlich und technisch aufgeschlossenen Menschen möglich und zumutbar ist. In dem zugrunde liegenden Fall war eine Unterversorgung des Patienten mit Sauerstoff während der Narkose dadurch eingetreten, daß einer der beiden Schläuche des Vapors eingeklemmt und somit die Frischluftzufuhr gemindert war. Die mit der Narkose beauftragte Ärztin hatte nach ihren eigenen Erklärungen die Bedeutung der vom und zum Vapor führenden Schläuche für die Sauerstoffversorgung nicht gekannt.

Der BGH hat in diesem Fall sogar eine Beweislastumkehr angenommen. War die Ursache des Schadens die Mangelhaftigkeit eines bei der Behandlung eingesetzten technischen Geräts, so muß der Betreiber des Geräts beweisen, daß der ordnungswidrige Zustand des Geräts nicht von einem seiner Erfüllungsgehilfen verschuldet wurde. Eine Entlastung sei daher nur durch den Nachweis möglich, daß z. B die Narkoseärztin eine geeignete Belehrung über die Funktionsweise des Geräts abgelehnt habe oder daß ihre technische Unkenntnis nicht ursächlich für den Schaden war.

Neben der Vertragshaftung spielt auch im Rahmen des Einsatzes technischer Geräte die deliktische Haftung eine bedeutende Rolle, wobei hier allerdings der Betreiber im Rahmen von § 831 BGB die Möglichkeit des Entlastungsbeweises hat, indem er beweist, daß er bei der Beschaffung des verwendeten Geräts und beim Anleiten des mit der Bedienung des Geräts beauftragten ärztlichen und nichtärztlichen Personals die im Verkehr erforderliche Sorgfalt beobachtet hat. Inwieweit auch im Rahmen der deliktischen Haftung eine Beweislastumkehr vorgenommen wird, hat die Rechtsprechung noch nicht entschieden.

Von Bedeutung ist im Rahmen der deliktischen Haftung auch das neue Gesetz über technische Arbeitsmittel (Gerätesicherheitsgesetz) vom 13. 8. 1979 (BGBl. I, S. 1432), das insoweit als Schutzgesetz gem. § 823 Abs. 2 BGB anzusehen ist. Soweit der Bundesarbeitsminister aufgrund dieses Gesetzes durch eine noch zu erlassende Rechtsverordnung nicht nur an die Bauart, die Qualität, die Anbringung von Schutzvorrichtungen sowie an Prüfungs- und Zulassungsverfahren, bestimmte, vom Hersteller zu beachtende Anforderungen stellen kann, sondern zugleich auch Vorschriften und Auflagen zur Wartung erlassen darf, ist durch dieses Gesetz auch der Betreiber, entweder der Krankenhausträger oder der Arzt angesprochen.

Nach § 3 Abs. 4 des Gerätesicherheitsgesetzes können Hersteller oder Einführer eines technischen Arbeitsmittels dieses mit dem vom Bundesarbeitsminister im Bundesarbeitsblatt bekannt gemachten Zeichen „GS = Geprüfte Sicherheit" versehen, wenn es von einer Prüfstelle einer Bauartprüfung unterzogen worden ist. Die hierfür in Frage kommenden Prüfstellen sind in der Gerätesicherheits-Prüfstellenverordnung vom 2. 1. 1980 aufgeführt. Diese freiwillige Bauartprüfung von technischen Hilfsmitteln darf jedoch nicht mit der Prüfung medizinisch-technischer Geräte gemäß § 8 a) des Gerätesicherheitsgesetzes verwechselt werden. In der danach vom Bundesarbeitsminister zu erlassenen Rechtsverordnung kann bestimmt werden, daß medizinisch-technische Geräte nur dann in den Verkehr gebracht oder in Betrieb genommen werden dürfen, wenn sie bestimmten Anforderungen genügen und bestimmten Prüfungen unterzogen wurden. Die hier angesprochene Verordnung ist derzeit noch nicht in Kraft getreten. Es liegt jedoch ein Entwurf dieser Verordnung vor.

Gerade im Bereich von Pflege, Wartung und Instandsetzung technischer Geräte ist noch viel Neuland zu beschreiten. Zwar haben heute zumindest größere Krankenhäuser das entsprechend ausgebildete technische Personal, doch gibt es noch keine standardisierten Wartungsvorschriften. Demgegenüber hat die Deutsche Gesellschaft für Anästhesiologie und Intensivmedizin bereits vor einigen Jahren Empfehlungen zur Sicherheit medizinisch-technischer Geräte vorgelegt, in denen die Mindestanforderungen an Leistungsfähigkeit und Sicherheit von Narkosegeräten, Beatmungsgeräten etc. sowie deren Anwendung und Wartung aufgezeigt werden.

Daß der Einsatz und die Verwendung nichtärztlichen Hilfspersonals gerade im Bereich der modernen Medizintechnik unabdingbar ist, hat auch der BGH (NJW 1975, 2245) in einer Entscheidung von 1975 anerkannt. Während das OLG (NJW 1975, 2245) von der beklagten Ärztin gefordert hatte, den Tubus selbst zu überprüfen, dies also nicht einer Schwester zu überlassen, hatte der BGH anerkannt, daß der Arzt die Funktionsfähigkeit eines einfachen technischen Geräts nicht selbst prüfen muß, soweit die notwendige Überprüfung durch geschultes nichtärztliches Personal gewährleistet ist.

Im einzelnen hat der BGH ausgeführt, daß die Verwendung nichtärztlicher Hilfspersonen aus der modernen Medizin und insbesondere aus dem heutigen Klinikwesen nicht mehr wegzudenken sei. Es sei auch unvermeidlich, daß diesen Hilfspersonen im Einzelfall ein hohes Maß an Verantwortung zufalle, insbesondere bei hochentwickelten technischen Geräten, deren Funktion oft nur noch von einem Techniker kontrolliert werden könne. In allen diesen Bereichen sei dem Arzt ein persönliches Tätigwerden teils aus Gründen der wirtschaftlichen Arbeitsteilung, teils wegen der Grenzen seiner fachlichen Kenntnisse nicht möglich. Ein persönliches Eingreifen des Arztes sei grundsätzlich nur dort zu fordern, wo die betreffende Tätigkeit gerade beim Arzt eigene Kenntnisse und Kunstfertigkeiten voraussetze. Bei der Prüfung der rein mechanischen Funktionsfähigkeit eines verhältnismäßig einfachen Geräts erschöpfe sich die Sorgfaltspflicht des verantwortlichen Arztes darin, die fachliche und charakterliche Zuverlässigkeit der Hilfspersonen zu überwachen und zu gewährleisten, daß diese sich der mit ihrer Tätigkeit verbundenen hohen Verantwortung bewußt bleiben.

3.5 Haftung wegen Verletzung der Dokumentationspflicht

Heftig umstritten ist zur Zeit die Frage, ob den Patienten ein Recht auf Einsichtnahme in die Krankengeschichten oder gar auf deren Herausgabe zusteht.

Unabhängig davon ist nunmehr auch höchstrichterlich geklärt, daß die Führung ordnungsmäßiger Krankenunterlagen eine dem Patienten gegenüber obliegende Pflicht des Arztes darstellt. Der BGH hat nämlich in seinem Urteil vom 27. 6. 1978 (NJW 1978, 2337) entschieden, daß sich beweisrechtliche Konsequenzen zu Lasten des Arztes ergeben können, wenn die Krankengeschichten unzulänglich oder gar unrichtig geführt sind. Diese Konsequenzen können sich in einer Beweiserleichterung für den Patienten äußern bis hin zur Umkehr der Beweislast, wenn nach tatrichterlichem Ermessen dem Patienten die Beweislast für einen Arztfeh-

ler angesichts der vom Arzt verschuldeten Aufklärungshindernisse billigerweise nicht mehr zugemutet werden kann.
Dieses Urteil des BGH hat erhebliches Aufsehen erregt. Viele Instanzgerichte sahen sich durch diese Entscheidung ermuntert, die Pflichten des Arztes gegenüber seinen Patienten im Zusammenhang mit den Krankengeschichten noch auszuweiten, bis hin zu einer vorprozessualen Herausgabepflicht. Auch in der medizinischen und juristischen Fachpresse löste diese Entscheidung viele Kommentare, Beiträge und Untersuchungen aus.
Diese heftige Reaktion war eigentlich überraschend, da § 11 der Berufsordnung für deutsche Ärzte schon seit langem dem Arzt die Anfertigung hinreichender Aufzeichnungen zur Pflicht macht.
Allerdings hatte der BGH bis zu seinem Urteil von 1978 stets den Standpunkt vertreten, daß die Aufzeichnungen des Arztes nur eine interne Gedächtnisstütze seien und daß zu ihrer sorgfältigen und vollständigen Führung den Patienten gegenüber keine Pflicht bestehe. Lediglich in den Fällen, in denen der Arzt einen groben Behandlungsfehler begangen hatte, der generell zur Herbeiführung des tatsächlich festgestellten Schadens geeignet ist, billigte der BGH dem klagenden Patienten eine Beweislastumkehr zu, so daß dann der Arzt zumindest faktisch gezwungen war, anhand seiner Aufzeichnungen den Beweis einer fehlenden Kausalität oder eines fehlenden Verschuldens nachzuweisen, was eben nur anhand einer sorgfältigen Dokumentation des Krankheitsverlaufs und der Krankheitsbehandlung möglich war.
Die geringe Spruchpraxis zu dieser Problematik läßt sicherlich den Schluß zu, daß die Führung der Krankengeschichten auch schon bisher nicht so schlecht war, wie dies die wenigen, spektakulären Urteile und die Äußerungen verschiedener Kritiker der Ärzteschaft vermuten lassen. Denn auch schon bisher war — auch ohne Einsichtsrecht bzw. Herausgabeanspruch — die Vorlage und Verwendung der Krankengeschichten im Prozeß die Regel. Schon bisher war der Arzt gut beraten, im Prozeß die Krankengeschichte auf Anforderung vorzulegen.
Viel zu groß war nämlich die Gefahr, daß der Patient eine Strafanzeige gegen den Arzt wegen Körperverletzung erstatten würde. Die von der Staatsanwaltschaft im Rahmen des Ermittlungsverfahrens gem. § 98 StPO beschlagnahmten Krankengeschichten hätte dann der Anwalt des Patienten einsehen können.
Viel zu groß wäre im Zivilprozeß selbst die Gefahr gewesen, daß aus der Verweigerung des Arztes vom Gericht nachteilige Schlüsse für den Arzt in

analoger Anwendung von §§ 427, 444 ZPO gezogen worden wären. Und schließlich sind gerade in Fällen eines vermuteten Behandlungsfehlers sehr oft auch nachbehandelnde Ärzte vorhanden, die ohnehin im Prozeß als Zeuge aussagen und hierbei die Krankengeschichten vorlegen müssen, wenn sie der Patient von der Schweigepflicht entbunden hat.

Zusammenfassend kann gesagt werden, daß eine sorgfältige und umfassende Dokumentation der Behandlung im ureigensten Interesse des Arztes liegt und daß heute auch die Rechtsprechung von einer solchen Verpflichtung des Arztes als Nebenpflicht aus dem Behandlungsvertrag mit dem Patienten ausgeht. Danach müssen die Krankengeschichten sorgfältig, umfassend und richtig geführt werden und eine Dokumentation der ärztlichen Behandlung darstellen. Ist diese Dokumentation lückenhaft, so sind daraus Beweiserleichterungen für den Patienten zu ziehen. Sind die Aufzeichnungen so unzulänglich, daß für eine nachträgliche Beurteilung durch einen Dritten, insbesondere einen Gutachter, praktisch alle notwendigen Befunde fehlen, oder sind die Aufzeichnungen gar verfälscht, insbesondere durch nachträgliche Einfügungen etc., so muß dies zu einer Umkehr der Beweislast zuungunsten des Arztes führen.

4. Verfahrensrechtliche Abwicklung ärztlicher Behandlungsfehler

4.1 Allgemeines

Ist ein Patient der Meinung, durch eine ärztliche Behandlung einen Schaden erlitten zu haben oder glaubt er, daß die ärztliche Behandlung nicht zu dem gewünschten Erfolg geführt habe, so wird er überlegen, wie und mit wessen Hilfe er am schnellsten eine Klärung der Fragen herbeiführen kann, ob ein ärztliches Verschulden vorliegt und welche Schadensersatzansprüche ihm hieraus zustehen.

Der mit dem Vorwurf eines Behandlungsfehlers konfrontierte Arzt wird ebenso daran interessiert sein, auf möglichst schnelle, unbürokratische Weise klären zu lassen, ob ihm eine schuldhafte Sorgfaltspflichtverletzung vorgeworfen werden kann und wenn ja, wie sein Patient am schnellsten eine Wiedergutmachung erhält.

Leider kommt es aber immer wieder vor, daß ein Patient in Verärgerung über das vermeintliche Verschulden des Arztes zu spektakulären und in der Öffentlichkeit Aufsehen erregenden Mitteln greift, wie zum Beispiel eine Anzeige bei der Staatsanwaltschaft zur Einleitung eines Strafverfahrens, die Publizierung des Vorfalls in der Boulevardpresse etc. Dieses Vorgehen mag menschlich durchaus verständlich sein. Leider spielen insoweit einige Patientenschutzbünde eine unrühmliche, weil verschärfende Rolle. Ebenso gibt es auch einige publizistisch und gutachterlich tätige Ärzte, die es sich zur Aufgabe gemacht haben, die Öffentlichkeit mit spektakulären Horrorgeschichten aus der Medizin zu unterhalten.

Ein solcher spektakulärer Weg ist jedoch sicherlich der ungeeignetste, um dem Patienten eine schnelle Klärung und Regulierung seines Schadens zu sichern. Denn der so angegriffene und gegebenenfalls in die Öffentlichkeit gezerrte Arzt wird dann sicherlich erst recht alle Schuld leugnen und vielleicht auch eine Kompromißbereitschaft seiner Haftpflichtversicherung zum Abschluß eines Vergleichs ablehnen.

Der Vorwurf eines schuldhaften Behandlungsfehlers wird jeden Arzt, dessen oberstes Gebot die Hilfe für den leidenden Patienten ist, immer besonders hart treffen. Allerdings wird auch ein Angehöriger jeder anderen Berufsgruppe eine schuldhafte Sorgfaltspflichtverletzung zunächst einmal spontan zurückweisen, sei es nun ein Anwalt, dem der Vorwurf einer mangelhaften Prozeßführung gemacht wird, oder sei es ein Journalist, der mit dem Vorwurf des oberflächlichen Recherchierens konfrontiert wird. In einem solchen Fall muß der Arzt Ruhe bewahren und zwar selbst dann, wenn bei ihm die Polizei zur Beschlagnahmung der Krankengeschichten erscheint. Der Arzt ist gut beraten, wenn er sich in

derartigen Fällen zunächst einmal vor Augen führt, daß auch dem sorgfältigsten und gewissenhaftesten Arbeiter einmal Fehler unterlaufen können und daß auch dem Arzt selbst am meisten mit einer raschen, objektiven Klärung des Sachverhalts gedient ist.
Wie jedoch ein Abkapseln und eine Abwehrreaktion fehl am Platze ist, weil es nur das Mißtrauen des Patienten und dessen Argwohn fördert, der Arzt wolle etwas vertuschen, so ist aber auch umgekehrt ein übereiltes Schuldeingeständnis gegenüber dem Patienten oder dessen Anwalt verfehlt, selbst wenn es der Arzt gerade aus seinem Berufsethos heraus für geboten hält, dem Patienten sein Mißgeschick einzugestehen und darauf hinzuweisen, daß er selbstverständlich dafür geradestehe. Denn nach § 5 Abs. 5 der Allgemeinen Haftpflichtversicherungsbedingungen ist es dem Versicherungsnehmer untersagt, ohne vorherige Zustimmung des Versicherers einen Haftpflichtanspruch ganz oder zum Teil oder vergleichsweise anzuerkennen oder zu befriedigen. Bei einer Zuwiderhandlung ist der Versicherer von seiner Leistungspflicht frei. Diese, sicherlich vielen Ärzten nicht bekannte Klausel in den Allgemeinen Versicherungsbedingungen der Arzt-Haftpflichtversicherungen stößt insbesondere in den Fällen auf die harte Kritik der Ärzteschaft, in denen die schuldhafte Pflichtverletzung des Arztes eindeutig und offensichtlich ist. Hier wäre es eine unzumutbare Belastung des Vertrauensverhältnisses zwischen Patient und Arzt, wenn dieser selbst in eindeutig klaren Fällen jegliche Schuld leugnen müßte.
Obwohl die Rechtsprechung selbst Äußerungen, „daß der gesamte Schaden bezahlt werde, da das Verschulden eindeutig sei", nicht als Obliegenheitsverletzung gem. § 5 Abs. 5 AHB gewertet hat, ist doch vor solchen Äußerungen zu warnen, zumal es hierzu noch keine höchstrichterliche Rechtsprechung gibt und die einschlägigen Kommentare einen sehr viel strengeren Standpunkt vertreten. Dagegen ist es sicherlich unproblematisch im Sinne einer Obliegenheitsverletzung, wenn der Arzt gegenüber dem Patienten darauf hinweist, daß er den Fall umgehend seiner Haftpflichtversicherung melden und selbst an einer schnellen Aufklärung und Abwicklung des Falls mitwirken wolle.
Überhaupt sollte der Arzt alles unternehmen, was der Sachaufklärung dient und damit beim Patienten auch nur der Eindruck einer Verschleierungsabsicht vermeidet. Wendet sich der Patient zunächst allein an den Arzt, so liegt es nahe, daß der Arzt den Patienten auf die Möglichkeit hinweist, den Fall einer ärztlichen Gutachter-Kommission zur Begutachtung vorzulegen. Durch eine solche Offenheit wird am ehesten die

Einleitung eines überflüssigen Strafverfahren vermieden. Meldet sich ein Anwalt, so gilt grundsätzlich der gleiche Rat, wobei es jedoch immer wieder vorkommt, daß auch Anwälte den Weg zur Gutachter-Kommission ablehnen, obwohl dieser Weg nachweislich am schnellsten zu einer objektiven Wahrheitsfindung und ggf. Schadensregulierung führt und gleichzeitig für den Patienten der Weg mit dem geringsten Kostenrisiko darstellt. Es ist sogar schon vorgekommen, daß ein Anwalt gegenüber dem Arzt die Anrufung der Gutachterkommission mit dem Hinweis ablehnte, er habe mit dieser nur schlechte Erfahrungen gemacht, obwohl der Anwalt nachweislich niemals mit der Gutachterkommission in Berührung gekommen war. Insgesamt nimmt die Zahl der Anwälte allerdings immer mehr zu, die sich zu einer Anrufung der Gutachterkommission entscheiden.

4.2 Möglichkeiten der Geltendmachung von Haftungsansprüchen durch den Patienten

Nur derjenige Arzt kann sich im Falle eines Behandlungsfehlervorwurfs richtig verhalten, der weiß, welche Möglichkeiten ein Patient hat, selbst oder mit Hilfe eines Anwalts gegen den Arzt zur Klärung des Vorwurfs und zur Geltendmachung von Schadenersatzansprüchen vorzugehen.

4.2.1 Herausgabe von Krankengeschichten

Der Patient oder auch ein von ihm beauftragter Anwalt wird häufig vor der Einleitung irgendwelcher weitergehender Schritte bemüht sein, die Krankengeschichten, also die Aufzeichnungen des Arztes über den Patienten und dessen Behandlung, zur Klärung der Frage einzusehen, welche Chancen für eine Geltendmachung von Schadensersatzansprüchen bestehen. Hier kann der Arzt sehr schnell in eine Konfliktsituation zu dem vorstehend gegebenen Ratschlag gelangen, sich möglichst offen und kooperativ gegenüber dem Patienten zu zeigen.
Die Frage nach einem Recht des Patienten auf Herausgabe oder auch nur Einsicht in die Krankengeschichten ist eine in der Zwischenzeit in hohem Maße emotional aufgeladene Streitfrage. Nachdem der Bundesgerichtshof in mehreren Entscheidungen, zuletzt in einem Urteil vom 4. 12. 1962,

die Auffassung vertreten hatte, daß Aufzeichnungen des Arztes lediglich eine interne Gedächtnisstütze seien, war über viele Jahre hinweg von der Rechtsprechung ein Herausgabeanspruch oder auch nur ein Einsichtsrecht des Patienten abgelehnt worden. Ausgelöst durch die Diskussionen auf dem Deutschen Juristentag 1978 und durch ein oft mißverstandenes Urteil des BGH vom 27. 6. 1978 über die Pflicht des Arztes zur sorgfältigen Dokumentation und Führung der Krankenunterlagen, setzte eine instanzgerichtliche Entwicklung ein, die dem Patienten gegenüber dem Arzt einen Anspruch auf Einsicht in die Krankengeschichten einräumte. Dabei waren die Begründungen dieser Entscheidungen manchmal offensichtlich falsch, so wenn z. B. der Herausgabeanspruch damit begründet wurde, daß eine Schweigepflicht des Arztes gegenüber dem Patienten selbst nicht bestehe. In der Zwischenzeit sind mehrere Revisionen gegen berufungsgerichtliche Entscheidungen beim VI. Zivilsenat des BGH anhängig und es ist damit zu rechnen, daß der BHG noch im Jahre 1982 über die Frage entscheiden wird, welches außerprozessuale Recht dem Patienten an der Krankengeschichte zusteht.

So sehr für eine Offenheit des Arztes gegenüber dem Patienten plädiert wird, so problematisch erscheint es jedoch, dem Patienten ein undifferenziertes Recht auf Einsicht oder Herausgabe zuzusprechen.

Zunächst einmal ist es zwar richtig, daß der Patient als medizinischer Laie ohne die Informationen aus den Krankenunterlagen kaum in der Lage ist, die Erfolgsaussichten einer Schadenersatzklage gegen den Arzt abzuschätzen. Dagegen muß allerdings auch eingewendet werden, daß der Patient gerade als medizinischer Laie eben gar nicht in der Lage ist, eine Krankengeschichte zutreffend zu interpretieren; nicht zuletzt weil die Krankengeschichten auch alle im Verlauf einer Behandlung angestellten differentialdiagnostischen Erwägungen enthalten.

Die Zurückhaltung der Ärzte gegen eine allgemeine Herausgabepflicht erklärt sich aber auch aus ganz anderen Überlegungen. Der Arzt muß in seinen Aufzeichnungen häufig Vermutungen, Erwägungen und Tatsachen für den weiteren Verlauf der Behandlung niederlegen, die für den Patienten selbst gar nicht gedacht und auch nicht geeignet sind, sei es, daß der Arzt am Beginn einer Behandlung an die Möglichkeit eines Karzinoms denkt, die sich später — Gott sei Dank — als falsch erweist, sei es, daß der Arzt Ehepartner getrennt und unabhängig voneinander untersuchen und behandeln muß und hierbei jeweils Hinweise über den anderen Partner in der Krankengeschichte vermerken muß, die dem anderen Partner verborgen bleiben sollen, und andere Beispiele mehr. Alle diese, auch für einen nachbehandelnden Arzt wichtigen Informationen könnten nicht mehr in den Krankengeschichten vermerkt werden, müßte der Arzt mit einer Herausgebepflicht rechnen.

Wie aber soll sich nun der Arzt verhalten, der dem Patienten die Gewißheit eines fairen Vorgehens vermitteln will?

Ruft der Patient — ggf. auf Vorschlag des Arztes — die zuständige Gutachterkommission bei der Ärztekammer an, so erübrigt sich in aller Regel eine Herausgabe der Krankengeschichten an den Patienten.

Ist der Patient dagegen noch zögernd, so würde eine generelle Verweigerung der Einsichtnahme den Argwohn des Patienten oder dessen Anwalt wecken und möglicherweise nur die Einleitung eines Strafverfahrens provozieren. Um dies zu verhindern, hat der Arzt mehrere Möglichkeiten eines Mittelweges. So kann der Arzt den Vorschlag machen, die Krankengeschichten einem anderen, vom Patienten benannten Arzt seines Vertrauens zu überlassen. Der Arzt kann dem Patienten aber auch vorschlagen, mit ihm zusammen die Krankengeschichten einzusehen, um so dem Patienten die notwendigen Erläuterungen vermitteln zu können. Eines dieser beiden Angebote wird nur derjenige Patient oder derjenige Anwalt ablehnen, der es von vorne herein und in Wahrheit auf eine Konfrontation und die Beschreitung des Rechtswegs angelegt hat. Wird also ein solches Angebot abgelehnt, wird darüber hinaus auch der Vorschlag einer Einschaltung der Gutachterkommission abgelehnt, so dürften wohl alle weiteren Bemühungen des Arztes vergeblich sein, zu einer nichtstreitigen Aufklärung des Falles beizutragen. Alle anders lautenden Versicherungen des Anspruchstellers dürften dann nur vorgegeben sein. In diesem Fall sollte der Arzt dann einen Schlußstrich unter die Bemühungen ziehen, und den Anspruchsteller auffordern, sich im weiteren mit der Haftpflichtversicherung auseinanderzusetzen.

4.2.2 Staatsanwaltschaftliches Ermittlungsverfahren/Strafprozeß

Ist das Bestreben des geschädigten Patienten durchaus gerechtfertigt, einen wirtschaftlichen Ausgleich des erlittenen Schadens zu erlangen, so drängt sich doch die Frage auf, was einen Patienten dazu veranlaßt, Strafanzeige gegen seinen Arzt zu erheben. Vorteile erlangt der Patient für sich selbst durch eine Verurteilung des Arztes nicht. Auch das fehlende Kostenrisiko für den Anzeigeerstatter kann die Einleitung eines Strafverfahrens nicht erklären. Denn der Ausgang des Strafprozesses ist meist kein Präjudiz für den Ausgang eines zivilrechtlichen Schadenersatzprozesses, da beide Prozeßarten völlig unterschiedlichen Beweisregeln unterliegen.

Auf der anderen Seite war zumindest früher die Zahl der staatsanwaltlichen Ermittlungsverfahren gegen Ärzte insgesamt gesehen relativ klein. Nach Auskunft der beiden großen Arzt-Haftpflichtversicherer kam es in der Vergangenheit nur bei rund 3% aller Haftpflichtfälle zu Ermittlungsverfahren der Staatsanwaltschaft. Es ist jedoch nicht zu verkennen, daß strafrechtliche Ermittlungsverfahren gegen Ärzte in den letzten Jahren angestiegen sind. Nach Ulsenheimer hatte das Institut für Rechtsmedizin an der Universität München in der Zeit von 1950 bis 1970 insgesamt 111 Gutachten wegen eines Kunstfehlervorwurfs zu erstellen. In der Zeit von 1971 bis 1975 betrug die Zahl solcher Gutachten bereits 110 und in den Jahren 1976 bis 1978 schnellte diese Zahl auf 216 empor. Damit stieg die Zahl der Kunstfehlergutachten im Rahmen strafrechtlicher Ermittlungsverfahren von 1970 bis heute um das 15fache pro Jahr.

Zu erklären ist diese Entwicklung eigentlich nur dadurch, daß der anwaltlich beratene Patient auf diese Weise versucht, Einsicht in die von der Staatsanwaltschaft beschlagnahmten Krankenpapiere zu erlangen oder sogar sich über einen Strafprozeß ein medizinisches Gutachten ohne eigenes Kostenrisiko zu besorgen. Diesem Mißbrauch des Strafverfahrens stehen allerdings gewichtige Nachteile für den Patienten gegenüber. Abgesehen davon, daß man mit einer Strafanzeige nicht allzu leichtfertig umgehen sollte, weil dies immer die Gefahren einer Gegenreaktion (z. B. Strafanzeige wegen falscher Beschuldigung) beinhaltet, ist die vorherige Durchführung eines Strafprozesses wegen der mangelnden Vorgreiflichkeit dieser Entscheidung für den Zivilprozeß sehr oft ein gravierender Zeitverlust, da im Laufe der Jahre das Erinnerungsvermögen eventueller Zeugen nachläßt und somit wesentliche Beweismittel verloren gehen. Auf die unnötige Verhärtung der Fronten durch ein Strafverfahren und die negativen Auswirkungen auf eine Vergleichsbereitschaft wurde bereits hingewiesen.

Das Strafverfahren gliedert sich in ein Erkenntnisverfahren und ein Vollstreckungsverfahren. Das Erkenntnisverfahren wiederum besteht aus 3 Abschnitten, nämlich aus dem Vorverfahren, gegebenenfalls dem Zwischenverfahren sowie schließlich dem Hauptverfahren. Das Vorverfahren beginnt regelmäßig mit der Einleitung eines staatsanwaltschaftlichen Ermittlungsverfahrens auf der Grundlage einer Anzeige. Im Rahmen eines ärztlichen Behandlungsfehlers kommt in der Regel entweder der

Vorwurf einer fahrlässigen Tötung gem. § 222 StGB oder aber der Vorwurf einer fahrlässigen Körperverletzung gem. § 230 StGB in Frage. Dabei handelt es sich bei der fahrlässigen Körperverletzung um ein Antragsdelikt, das in der Regel nur auf Antrag des Verletzten selbst verfolgt wird. Ein solcher Antrag kann auch jederzeit zurückgenommen werden. Dagegen stellt die fahrlässige Tötung ein sogenanntes Offizialdelikt dar, das von Amts wegen immer dann verfolgt wird, wenn die Strafverfolgungsorgane hiervon Kenntnis erlangen (Legalitätsprinzip, § 152 Abs. 2 StPO).

Von der Einleitung eines Ermittlungsverfahrens erfährt der beschuldigte Arzt entweder durch eine Beschlagnahme der Krankenunterlagen gem. §§ 94, 98 StPO oder aber durch ein Anschreiben der örtlichen Kriminalpolizei, sich zur mündlichen Vernehmung auf der Dienststelle einzufinden. Letztere erfolgt auf Veranlassung der ermittelnden Staatsanwaltschaft.

Über die Beschlagnahme der Krankenunterlagen beschließt auf Antrag der Staatsanwaltschaft der Ermittlungsrichter, sofern nicht Gefahr im Verzug ist. Die Beschlagnahme selbst wird in der Regel wiederum von der Kriminalpolizei durchgeführt. Dem mit dem Beschlagnahmebeschluß erscheinenden Kriminalbeamten sind die Krankengeschichten herauszugeben, wobei der Arzt befugt ist, zuvor Ablichtungen davon anzufertigen.

Im Zusammenhang mit der Vorladung zur Vernehmung des Beschuldigten empfiehlt es sich, auf einer schriftlichen Äußerung zu bestehen. Zwar kann der beschuldigte Arzt die Aussage ganz verweigern, worüber er vor Beginn der Vernehmung zu belehren ist, wie er auch das Recht hat, schon vor seiner Vernehmung einen freigewählten Verteidiger zu befragen. Doch empfiehlt es sich gerade im Falle des Vorwurfs eines Behandlungsfehlers, die Aussage nicht rundweg zu verweigern. Die Erfahrung zeigt, daß auch in diesem Bereich eine offene Darlegung und Stellungnahme nur dazu dienlich ist, eine Einstellung des Ermittlungsverfahrens durch die Staatsanwaltschaft zu fördern. Allerdings sollte die Stellungnahme und Aussage stets schriftlich erfolgen, da die Probleme im Rahmen eines Behandlungsfehlervorwurfs regelmäßig zu komplex sind, als daß sie sachgerecht mündlich dargestellt und vom Vernehmenden protokolliert werden können. Die Gefahr, daß es hier allzu leicht zu Mißverständnissen, Verkürzungen etc. kommt, ist zu groß und hat für den Arzt zu schwerwiegende Konsequenzen. Erfahrungsgemäß wird die Möglichkeit zur schriftlichen Stellungnahme auch nicht versagt. Vielfach fordert die

Verfahrensrechtliche Abwicklung ärztlicher Behandlungsfehler

Staatsanwaltschaft sogar von vornherein den Arzt zu einer schriftlichen Stellungnahme auf.

Bereits im Rahmen der Abfassung der schriftlichen Stellungnahme empfiehlt es sich, einen in Strafverfahren versierten Anwalt zu konsultieren. Nur er kann den Arzt fachkundig beraten, welche Umstände für das Ermittlungsverfahren relevant sind, welche Umstände zur Entlastung erwähnt werden müssen, in welchem Ausmaße auf die Möglichkeit der Wahl unter mehreren therapeutischen Verfahren und deren Beschreibung in der Literatur hingewiesen werden muß etc. Möglicherweise muß schon in dieser Stellungnahme darauf hingewiesen werden, daß zwar eine Kausalität zwischen Eingriff und eingetretenem Schaden besteht, ein Verschulden des Arztes jedoch ausscheidet, weil der Schaden trotz Anwendung der erforderlichen Sorgfalt nicht vermeidbar war, weil unvorhergesehene und unvorhersehbare Ereignisse eintraten.

Im Rahmen dieser Stellungnahme empfiehlt es sich auch, die Einholung eines medizinischen Gutachtens durch die Staatsanwaltschaft anzuregen. Dabei steht es dem Arzt frei, einige als Gutachter in Frage kommende Ärzte namentlich vorzuschlagen. Ebenso besteht auch hier die Möglichkeit, die Einholung eines fachärztlichen Gutachtens bei der Gutachterkommission der zuständigen Ärztekammer zu empfehlen.

Sofern die Staatsanwaltschaft das Ermittlungsverfahren nicht bereits auf Grund der ärztlichen Stellungnahme einstellt, wird sie in der Regel ein medizinisches Sachverständigengutachten einholen. In diesem Zusammenhang sei darauf hingewiesen, daß die Staatsanwaltschaft nicht nur alle belastenden, sondern auch alle entlastenden Umstände ermitteln muß (§ 160 Abs. 2 StPO).

Nach Vorliegen des medizinischen Gutachtens wird in der Regel dem Arzt noch einmal Gelegenheit zur Stellungnahme gegeben. Danach entscheidet die Staatsanwaltschaft, ob das Verfahren eingestellt oder Anklage erhoben werden soll.

Die Voraussetzung für eine Einstellung des Verfahrens ist zunächst einmal, daß der Beschuldigte nicht der ihm vorgeworfenen Straftat hinreichend verdächtig ist, daß also eine spätere Verurteilung unwahrscheinlich ist. Dabei kann es zur Verneinung des hinreichenden Verdachts auch ausreichen, daß die Staatsanwaltschaft auf der Grundlage der gegebenen Beweismöglichkeiten zu dem Ergebnis gelangt, daß das Gericht am Ende den Angeklagten wegen des im Strafprozeß geltenden Grundsatzes in dubio pro reo freisprechen muß.

In der Regel wird die Staatsanwaltschaft im Rahmen der Ermittlungen gegen einen Arzt das Verfahren dann einstellen, wenn es entweder an der Kausalität zwischen dem pflichtwidrigen Handeln des Arztes bzw. zwischen der Nichtvornahme einer gebotenen Handlung und dem Eintritt des schädlichen Erfolgs fehlt. Ein Verschulden des Arztes scheidet im Rahmen des im Strafrecht geltenden subjektiven Verschuldensbegriffs dann aus, wenn der Arzt bei seiner Tätigkeit diejenige Sorgfalt beachtet hatte, zu der er nach seinen persönlichen Kenntnissen und Fähigkeiten in der Lage und verpflichtet war. In der Regel liegen die Hauptprobleme des ärztlichen Kunstfehlers überwiegend im Bereich der Kausalität, also des Nachweises, daß die Körperverletzung oder der Tod des Patienten durch ein Tun oder ein Unterlassen des Arztes verursacht wurde. Dabei legt das Strafrecht die conditio-sine-qua-non-Formel zugrunde, nach der zu prüfen ist, ob ohne das pflichtwidrige Handeln bzw. Unterlassen des Arztes die Körperverletzung oder der Tod des Patienten ausgeblieben wäre. Wäre also auch bei Beobachtung der ärztlichen Sorgfaltspflicht das Leben des Patienten nicht zu retten gewesen bzw. der Schaden nicht zu verhindern gewesen, muß der Kausalzusammenhang zwischen Sorgfaltspflichtverstoß und eingetretenem Erfolg verneint werden.

Ist dagegen der Angeschuldigte nach Meinung der Staatsanwaltschaft hinreichend verdächtig, kann das Verfahren dennoch wegen Geringfügigkeit eingestellt werden. Eine solche Einstellung ist allerdings nur bei Vergehen möglich, also im Falle des Vorwurfs einer fahrlässigen Körperverletzung. Steht der Vorwurf einer fahrlässigen Tötung im Raum, besteht diese Möglichkeit der Einstellung wegen Geringfügigkeit nicht.

Gerade im Bereich der ärztlichen Sorgfaltspflichtverletzung wird dieser Weg einer Einstellung wegen Geringfügigkeit immer dann gewählt werden, wenn geringe Zweifel an der Schuldlosigkeit des Arztes verbleiben, eine zu bejahende Schuld aber in jedem Fall als gering anzusehen wäre, wobei insbesondere schon hier die Strafzumessungsgrundsätze zu berücksichtigen sind, insbesondere die Beweggründe und Ziele des Täters, das Maß der Pflichtwidrigkeit, die Art der Ausführung und die verschuldeten Auswirkungen der Tat, das Vorleben des Täters und sein Verhalten nach der Tat, insbesondere sein Bemühen, den Schaden wieder gutzumachen.

Gerade in Fällen ärztlicher Sorgfaltspflichtverletzung wird die Einstellung des Verfahrens allerdings meist mit einer Auflage im Rahmen von § 153 a StPO verbunden, insbesondere mit der Verpflichtung, einen Geldbetrag zugunsten einer gemeinnützigen Einrichtung zu zahlen. Diese Einstellung mit einer Auflage ist allerdings nur mit Zustimmung des Beschuldigten selbst möglich, der im übrigen die Auflage innerhalb einer gesetzten Frist von höchstens 6 Monaten erfüllen muß. Wichtig ist an dieser Einstellung gem. § 153a StPO, daß die Zustimmung und Erfüllung der Auflage durch den Beschuldigten kein Schuldanerkenntnis darstellt.

Für den Fall der Verfahrenseinstellung hat der Verletzte und Antragsteller die Möglichkeit, das sogenannte Klageerzwingungsverfahren gem. § 172 StPO durchzuführen. Hierzu muß zunächst einmal gegen den Einstellungsbescheid innerhalb von 2 Wochen Beschwerde eingelegt werden, sofern der Antragsteller über diese Frist belehrt wurde. Andernfalls kann er die Beschwerde noch zu jedem späteren Zeitpunkt einlegen.

Nach Erhebung der Anklage durch die Staatsanwaltschaft prüft das zuständige Gericht noch einmal selbständig, ob das Hauptverfahren zu eröffnen ist oder nicht. Dabei kann es noch einmal selbst Beweiserhebungen durchführen. Gelangt das Gericht zu dem Ergebnis, daß der Angeschuldigte einer Straftat hinreichend verdächtig erscheint, so beschließt es die Eröffnung des Hauptverfahrens. Andernfalls lehnt es die Eröffnung ab. In diesem dem Angeschuldigten bekanntzugebenden Beschluß ist anzuführen, ob dies aus tatsächlichen oder aus Rechtsgründen erfolgt.

Nach Eröffnung des Hauptverfahrens wird dann im Rahmen der Hauptverhandlung von Amts wegen der Sachverhalt ermittelt. Dabei gilt wiederum das Gebot, auch die entlastenden Umstände zu erforschen. Zwar werden Beweise von Amts wegen erhoben, doch können Beweisanträge auch vom Angeklagten bzw. dessen Verteidiger gestellt werden. Gerade in Verfahren wegen ärztlicher Behandlungsfehler wird das Gericht regelmäßig ein medizinisches Sachverständigengutachten einholen, um sich die erforderliche medizinische Sachkunde vermitteln zu lassen. Dabei ist es nicht die Aufgabe des Gutachters, ein Unwerturteil über den Angeklagten zu fällen, sondern allein, das Gericht mit seiner Sachkunde in medizinischen Fragen zu unterstützen. Nach ständiger Rechtsprechung des BGH ist der Sachverständige ein Gehilfe des Richters, der dem Gericht den Tatsachenstoff zu unterbreiten hat, der aufgrund besonders sachkundiger Beobachtungen gewonnen werden kann, und der dem Gericht das wissenschaftliche Rüstzeug vermittelt, um sachgemäße Auswertungen zu ermöglichen. Danach hat der Sachverständige also nicht den Sachverhalt zu ermitteln, der seinem Gutachten zugrunde zu legen ist, also die sogenannten Anknüpfungstatsachen. Deren Ermittlung obliegt vielmehr dem Gericht selbst. Aber auch bezüglich der ärztlichen Schlußfolgerungen hat das Gericht die Aufgabe, die Aussagen des Gutachters im Rahmen der freien Beweiswürdigung auf ihre Überzeugungskraft hin zu überprüfen.

Sowohl bei der Prüfung der Kausalität zwischen dem schädigenden Ereignis und dem eingetretenen Erfolg als auch bei der Prüfung der Schuldfrage ist von dem Maßstab der „mit an Sicherheit grenzenden Wahrscheinlichkeit" auszugehen, da wegen des strafprozessualen Grundsatzes „in dubio pro reo" auch nur der mögliche Zweifel an einem Kausalzusammenhang oder der Schuld zum Freispruch des Angeklagten führen muß.

Die vorstehenden Ausführungen machen deutlich, daß der Arzt spätestens im Hauptverfahren eines erfahrenen Strafverteidigers bedarf, der möglichst im Arzthaftungsprozeß bereits einschlägige Erfahrungen gemacht hat. Da vor den Strafgerichten jeder in der Bundesrepublik zugelassene Anwalt auftreten kann – anders als im Zivilprozeß –, ist es hier also durchaus möglich, einen „Spezialanwalt" auszuwählen.

Überwiegend wird das Hauptverfahren in der ersten Instanz vor einer Strafkammer des Landgerichts durchgeführt. Zwar könnte im Hinblick auf die Höhe der zu erwartenden Strafe nicht nur im Falle einer fahrlässigen Körperverletzung (§ 230 StGB), sondern auch im Falle einer fahrlässigen Tötung (§ 222 StGB) die Staatsanwaltschaft auch Anklage beim Amtsgericht erheben, doch wird wohl meistens im Strafverfahren gegen Ärzte die Anklage beim Landgericht wegen der besonderen Bedeutung des Falles erhoben. Damit wird jedoch zugleich die Möglichkeit des Rechtszugs auf 2 Instanzen beschränkt, da gegen die Entscheidung der Strafkammer nur noch das Rechtsmittel der Revision zum Bundesgerichtshof gegeben ist. Da der BGH als reine Revisionsinstanz nur noch eine Nachprüfung des Urteils in rechtlicher Hinsicht durchführt, eine Überprüfung der tatsächlichen Feststellungen der Strafkammer sowie eine eigene Beweisaufnahme über die Tat also ausscheidet, steht im Strafprozeß gegen den Arzt also in der Regel nur eine einzige Tatsacheninstanz zur Verfügung.

§ 230 StGB sieht für den Fall einer fahrlässigen Körperverletzung eine Bestrafung mit einer Freiheitsstrafe bis zu 3 Jahren oder mit einer Geldstrafe vor. In der Regel wird sich hier das Gericht auf eine Geldstrafe für den Arzt beschränken. Bei der fahrlässigen Tötung gemäß § 222 StGB sieht das Gesetz eine Freiheitsstrafe bis zu 5 Jahren oder eine Geldstrafe vor. In der Praxis wird überwiegend eine Freiheitsstrafe verhängt, die jedoch in der Regel zur Bewährung ausgesetzt wird. Dies setzt wiederum voraus, daß die Freiheitsstrafe nicht mehr als 1 Jahr umfaßt. Aber auch in

Fällen des § 222 ist es gar nicht so selten, daß lediglich eine Geldstrafe verhängt wird.

4.2.3 Anrufung der Gutachterkommission bei den Ärztekammern

Wie bereits ausgeführt, hat sich die Einrichtung von Gutachterkommissionen bzw. Schlichtungsstellen für ärztliche Behandlungsfehler bei den Ärztekammern als außerordentlich segensreich erwiesen, nachdem diese Stellen anfänglich auf eine gewisse Skepsis sowohl bei den Ärzten selbst als auch bei Patienten und Anwälten gestoßen waren. In der Zwischenzeit existieren für alle Kammerbereiche Schlichtungsstellen bzw. Gutachterkommissionen. Dabei haben sich zwei Modelle zur Klärung ärztlicher Behandlungsfehler herausgebildet.
Während das Modell der bayerischen Landesärztekammer ein echtes Schlichtungsverfahren mit dem Ziel darstellt, nicht nur den Vorwurf eines ärztlichen Behandlungsfehlers aufzuklären, sondern zugleich auch einen Vorschlag zur Regulierung von Schadensersatzansprüchen zu unterbreiten, will das Modell der Ärztekammer Nordrhein zunächst nur der sachverständigen Aufklärung des Sachverhalts und damit der Frage dienen, ob eine Gesundheitsschädigung des Patienten auf einen vorwerfbaren Behandlungsfehler des Arztes zurückzuführen ist.
Gemeinsam ist beiden Modellen das Ziel, möglichst eine rasche, außergerichtliche Regelung herbeizuführen. Dem Patienten oder seinem Anwalt soll ein Gutachten zur Verfügung gestellt werden, das ihm die Nachprüfung erleichtert, ob ein begründeter Schadensersatzanspruch besteht oder nicht. Dem Patienten soll das Kostenrisiko für die Einholung eines Gutachtens genommen und damit zugleich die Einleitung eines strafrechtlichen Verfahrens vermieden werden.
Während beim bayerischen Modell die Regulierung des zivilrechtlichen Schadensersatzanspruchs im Mittelpunkt der Tätigkeit der Schlichtungsstelle steht, was nur deshalb möglich ist, weil die Schlichtungsstelle auch vom Verband der Haftpflicht-, Unfall- und Kraftverkehrsversicherer (HUK-Verband) getragen wird, dient das nordrheinische Modell allein der objektiven Begutachtung ärztlichen Handelns.
Beide Modelle haben Vor- und Nachteile. Während im Rahmen des bayerischen Modells nur diejenigen Ärzte erfaßt werden, deren Haftpflichtversicherung dem HUK-Verband angeschlossen ist, kann die nordrheinische Gutachterkommission grundsätzlich bei allen im Kammerbereich ansässigen Ärzte tätig werden. Obwohl das von der Gutachter-

kommission erstellte Gutachten keinen Vorschlag zur Regulierung des Schadens enthält, wurde bisher doch in fast allen Fällen eine prozessuale Auseinandersetzung vermieden. Demgegenüber kann auch im Rahmen des bayerischen Modells ein anschließendes Gerichtsverfahren nicht völlig ausgeschlossen werden.

Nachdem die ersten Gutachter- und Schlichtungsstellen 1975 gegründet wurden, folgten die anderen Ärztekammern in rascher Folge nach, so daß nunmehr bei fast allen Einrichtungen eine rund fünfjährige Erfahrung vorliegt.

Übereinstimmend wird berichtet, daß nach anfänglichen Schwierigkeiten und anfänglicher Skepsis die Arbeit der Kommissionen und Schlichtungsstellen auch bei Anwälten und den Versicherungsgesellschaften Anerkennung gefunden hat.

Im Bereich der Gutachterkommission der Ärztekammer Nordrhein betrafen die Vorwürfe zu einem Drittel niedergelassene Ärzte, zu zwei Drittel Krankenhausärzte. 18 % der Antragsteller wurden von Rechtsanwälten vertreten. Auffällig ist die hohe Zahl von Anträgen, bei denen es bereits aus formalen Gründen zu keiner Tätigkeit der Kommission kam, sei es daß die Kommission unzuständig war, sei es daß der Antrag wieder zurückgenommen wurde etc. In rund 17 % aller begutachteten Fälle wurde das Vorliegen eines Behandlungsfehlers bejaht.

Unter den anerkannten Behandlungsfehlern der norddeutschen Schlichtungsstelle (für die Ärztekammern Berlin, Bremen, Hamburg, Niedersachsen und Schleswig-Holstein) rangieren an erster Stelle die Fehler in den operativen Gebieten, hier wiederum vor allem in der Chirurgie und Orthopädie. Danach kommen die sogenannten Spritzenschäden sowie die Frauenheilkunde und Geburtshilfe. Es folgen die Augenheilkunde, die Innere Medizin, die Röntgen- und Strahlenheilkunde sowie die Allgemeinmedizin.

Die Anschriften der Gutachterkommissionen und Schlichtungsstellen lauten:

Baden-Württemberg	Gutachterstelle für Fragen ärztlicher Haftpflicht bei der Landesärztekammer Baden-Württemberg, Jahnstraße 40, 7000 Stuttgart 70
Bayern	Schlichtungsstelle der Bayerischen Landesärztekammer, Mühlbaurstraße 16, 8000 München 80
Berlin, Bremen,	Schlichtungsstelle für Arzthaftpflichtfragen der

Hamburg, Schleswig-Holstein, Niedersachsen	norddeutschen Ärztekammer, Berliner Allee 20 – Ärztehaus – 3000 Hannover 1
Nordrhein	Gutachterkommission für ärztliche Behandlungsfehler bei der Ärztekammer Nordrhein, Tersteegenstraße 31, 4000 Düsseldorf 30
Saarland	Gutachter- und Schlichtungsstelle bei der Ärztekammer des Saarlandes, Faktoreistraße 4, 6600 Saarbrücken 3
Hessen, Rheinland-Pfalz	Gutachter- und Schlichtungsstelle für ärztliche Behandlungsfehler für die Landesärztekammern Hessen und Rheinland-Pfalz, Broßstraße 6, 6000 Frankfurt/Main
Westfalen-Lippe	Gutachterkommission für ärztliche Haftpflichtfragen bei der Ärztekammer Westfalen-Lippe, Kaiser-Wilhelm-Ring 4–6, 4400 Münster 1

Das Verfahren vor den Gutachterkommissionen und Schlichtungsstellen ist für alle Beteiligten freiwillig und stellt kein Präjudiz für ein gerichtliches Verfahren dar. Während die Gutachterstellen vom Arzt oder vom Patienten angerufen werden können, kann bei den Schlichtungsstellen ein Verfahren auch vom Haftpflichtversicherer in Gang gebracht werden. Voraussetzung für die Einleitung eines Verfahrens ist jedoch stets, daß in der Streitsache noch keine gerichtliche Entscheidung oder ein Vergleich vorliegt und auch noch kein gerichtliches oder staatsanwaltschaftliches Verfahren eingeleitet wurde. Ebenso wird die Durchführung eines Verfahrens abgelehnt, wenn einer der Beteiligten widerspricht oder wenn der Behandlungsfall zu lange zurückliegt. Das Verfahren vor den Gutachterkommissionen bzw. Schlichtungsstellen ist regelmäßig für die Beteiligten kostenlos. Diese haben also lediglich ihre eigenen Kosten, insbesondere die Kosten eines Anwaltes selbst zu tragen. Gerade der Aspekt des geringen Kostenrisikos ist von entscheidender Bedeutung für den Patienten.

4.2.4 Zivilrechtlicher Schadensersatzprozeß

Die größte praktische Bedeutung für den Arzt hat der zivilrechtliche Schadensersatzprozeß. Sehr viel häufiger nämlich, als zu einem Strafprozeß, führen die Auseinandersetzungen zwischen dem anspruchstellenden Patienten und dem Arzt bzw. dessen Haftpflichtversicherung zu einer prozessualen Geltendmachung der Regreßansprüche. Selbst wenn nach sachkundigen Schätzungen von 10 angemeldeten Ansprüchen 9 außergerichtlich erledigt und nur ein Anspruch prozessual geltend gemacht wird, sind es pro Jahr doch mindestens 300 Verfahren, die allein vor den Landgerichten anhängig gemacht werden (so Weyers in seinem Gutachten für den Deutschen Juristentag 1978).

Da es jedoch im Zivilprozeß ausschließlich um die materielle Wiedergutmachung von materiellen und immateriellen Schädigungen des Patienten durch Zahlung von Geldentschädigungen geht, der Arzt aber regelmäßig gerade für solche Ansprüche eine Berufshaftpflichtversicherung abgeschlossen hat, sollte der Arzt einen derartigen Prozeß mit Ruhe und Gelassenheit führen. Auch wenn im Rahmen des Zivilprozesses ein Verschulden geprüft und festgestellt wird, allerdings im Rahmen des objektiven Schuldbegriffs (vgl. 2.1.2), muß sich der Arzt stets vor Augen führen, daß es eigentlich gerade in seinem eigenen Interesse liegen muß, einem von ihm geschädigten Patienten, was bestenfalls fahrlässig geschah, eine angemessene Wiedergutmachung zukommen zu lassen. Gerade wegen des objektiven Maßstabs bei der Schuldzurechnung im Zivilprozeß sollte die Verurteilung nicht als ein persönlicher Makel empfunden werden.

Der Beklagte wegen eines Behandlungsfehlers ist in der Regel der behandelnde Arzt selbst, nur selten dagegen eine Hilfsperson des Arztes. Im Krankenhaus wird häufig Klage nicht nur gegen den oder die behandelnden Ärzte, sondern zugleich auch gegen den Krankenhausträger gerichtet. Dabei hat die deliktische Anspruchsgrundlage (vgl. 2.2) gegenüber der Vertragshaftung (vgl. 2.1) die weitaus größere Bedeutung, da nur hier ein Schmerzensgeldanspruch (vgl. § 847 BGB) geltend gemacht werden kann. Allerdings verjähren Schadensersatzansprüche aus unerlaubter Handlung innerhalb von 3 Jahren (vgl. § 852 BGB), während die Regreßansprüche des Patienten aus Vertragsverletzung regelmäßig der 30jährigen Verjährungsfrist unterliegen.

Zuständiges Gericht für den Schadensersatzprozeß ist in der Regel das Landgericht, in dessen Bezirk der Arzt wohnt bzw. bei Ansprüchen aus unerlaubter Handlung seine ärztliche Tätigkeit ausübt. Nur in Bagatellfällen, wenn also der geltend gemachte Anspruch einen Betrag von DM 3000,— nicht übersteigt, ist das entsprechende Amtsgericht zuständig.

Verfahrensrechtliche Abwicklung ärztlicher Behandlungsfehler 83

Der Arzt kann sich vor dem Landgericht nur durch einen am Prozeßgericht zugelassenen Anwalt vertreten lassen. Dieser Anwaltszwang im Zivilprozeß, im Gegensatz zum Strafprozeß, ist sicherlich eine wesentliche Ursache dafür, daß in der Bundesrepublik trotz der erheblich angestiegenen Zahl von Regreßansprüchen gegen Ärzte noch keine „amerikanischen Verhältnisse" entstanden sind, wo hierauf spezialisierte Anwälte durch Amerika reisen und Patienten an den Krankenhauspforten mit der Frage abfangen, ob sie mit der Behandlung zufrieden gewesen seien oder nicht.

Gerade in der neueren Literatur wird immer wieder auf die Besonderheiten des Arztfehlerprozesses in Abweichung vom sonstigen Zivilprozeß hingewiesen, die daraus resultieren sollen, daß sich der Patient in einer schwierigen Ausgangsposition befinde, wenn er einem Arzt einen Behandlungsfehler vorwerfen wolle. Dies hat in der Prozeßpraxis sicherlich dazu geführt, daß die sonst im Zivilprozeß geltende Verhandlungsmaxime, wonach nur der von den Parteien beigebrachte Tatsachenstoff zum Gegenstand der Entscheidung gemacht werden kann, in der Weise abgeschwächt wird, daß sich das Gericht mehr in die Aufklärung des Sachverhalts einschaltet als sonst üblich. Dies sei – so der BGH – wegen der notwendigen Waffengleichheit zwischen dem sachkundigen Arzt und dem Gegner, der regelmäßig medizinischer Laie sei, erforderlich. So werden von der Rechtsprechung ganz allgemein keine allzu hohen Anforderungen an die Schlüssigkeit einer Klage wegen eines Arztfehlers gestellt, weil der Kläger regelmäßig medizinischer Laie sei, Ärzte sich meist zur Vorbereitung eines Prozesses gegen einen Kollegen nicht zur Verfügung stellten und Privatgutachten in der Regel nur schwer und mit einem großen Kostenaufwand zu erlangen seien.

Wegen dieser Bereitschaft der Gerichte, das Verfahrensrecht im Arzthaftpflichtprozeß zugunsten des Patienten extensiv zu interpretieren, kann dem angeklagten Arzt nur empfohlen werden, auf Anforderung des Gerichts die Krankenunterlagen vollständig dem Gericht zu überreichen. Voraussetzung für die Beiziehung der Krankengeschichten durch das Gericht ist allerdings eine vorangegangene Erklärung des klagenden Patienten, wonach er alle in der Behandlung mitwirkenden Personen von der Schweigepflicht entbindet und sich mit einer Beiziehung durch das Gericht einverstanden erklärt. Auch wenn der beklagte Arzt zur Vorlage der Krankengeschichten nicht verpflichtet ist, so sei ihm doch dazu geraten, weil andernfalls das Gericht die Möglichkeit hat, aus einer Verweigerung negative Schlüsse für ihn zu ziehen. Der BGH hat insofern die analoge Anwendung der §§ 427, 444 ZPO ausdrücklich bestätigt. Ein mit- oder nachbehandelnder Arzt, der nicht zugleich auch Beklagter ist, muß nach Entbindung von der Schweigepflicht ohnehin vor Gericht als Zeuge aussagen (vgl. § 385 Abs. 2 ZPO), was auch eine Vorlage der von ihm erstellten Krankenunterlagen einschließt.

Nach entsprechender Vorbereitung durch das Gericht, wobei hier auch schon ein Sachverständigengutachten eingeholt werden kann, wird dann die sogenannte mündliche Verhandlung durchgeführt. Zu ihr sollte der Arzt regelmäßig selbst erscheinen, und zwar auch dann, wenn sein persönliches Erscheinen vom Gericht nicht angeordnet wurde. Vor dem Landgericht kann der beklagte Arzt den Prozeß nicht selbst führen, sondern muß sich, wie auch in den Rechtsmittelinstanzen, von einem zugelassenen Anwalt vertreten lassen.

Gerade die anwaltliche Vertretung vor dem Landgericht wirft immer wieder Probleme der ausreichenden Sachkunde in ärztlichen Haftpflichtprozessen auf. Wegen der vielberufenen Schwierigkeit der Durchdringung medizinischer Sachverhalte sollte hier nur ein Anwalt gewählt werden, der über entsprechende Kenntnisse und Erfahrungen verfügt. Da dies am besten die Haftpflichtversicherer selbst beurteilen können, diese für einen Regreß letztlich auch einzustehen haben, sollte sich der Arzt bei der Wahl seines Prozeßbevollmächtigten stets des Rats seiner Haftpflichtversicherung bedienen.

Da der beim Landgericht zugelassene Anwalt in der Regel nicht zugleich auch vor dem Oberlandesgericht auftreten kann, muß der beklagte Arzt in der Berufungsinstanz einen neuen Anwalt mit der Vertretung beauftragen. Auch hier sollte man sich wiederum dem Rat des Haftpflichtversicherers anvertrauen. Gleiches gilt erst recht vor dem Bundesgerichtshof, bei dem nur wenige, speziell hier zugelassene Anwälte die Revision vertreten können.

Ein besonderes Problem des Arzthaftungsprozesses stellt das Sachverständigengutachten dar, jedenfalls in der Literatur. So wird auch in der seriösen Literatur häufig von der sogenannten Krähentheorie gesprochen, womit gemeint sein soll, daß ein Arzt nicht bereit sei, gegen einen anderen Arzt auszusagen. So führt ein renommierter Richter eines für Arzthaftpflichtprozesse zuständigen Senats aus, daß noch immer manche medizinische Sachverständige Probleme mit der pflichtgemäßen Objektivität im Arztfehlerprozeß hätten und daß es sich hierbei um eine speziell der medizinischen Szene eigenen Erscheinung handele, die bei Angehörigen anderer vergleichbarer Doktrinen kaum je in dieser Form hervorgetreten sei. So nimmt es denn nicht wunder, daß schon wiederholt in obergerichtlichen Entscheidungen von der kritischen Distanz gesprochen wird, die gerade in Arzthaftungsprozessen gegenüber medizinischen Gutachten geboten sei. Allerdings stellt auch der zitierte Richter ausdrücklich fest, daß sich hier inzwischen vieles gebessert habe. Nun muß allerdings im Zusammenhang mit der sogenannten Krähentheorie darauf hingewiesen werden, daß überhaupt nur eine verschwindend geringe Zahl aller Fälle von Regreßansprüchen gegen Ärzte in die Berufsinstanz oder gar Revisionsinstanz gelangen. Meist handelt es sich hierbei um solche Fälle, in denen gerade die Fragen der Kausalität oder der Schuld von besonderer Schwierigkeit sind, wobei die Materie schon im Regelfall von besonderer Schwierigkeit ist. Es darf in solchen Fällen nicht wunder nehmen, wenn sich der Sachverständige zu Fragen der objektiven Pflichtverletzung in einer etwas vorsichtigen Weise äußert, die einem medizinischen Laien dann allzu schnell als der Versuch erscheinen mag, den Kollegen in Schutz zu nehmen. Wer jedoch um die Schwierigkeiten in der Medizin weiß, eindeutige, unumstößliche Aussagen und Wahrheiten zu verkünden, wird vielleicht ein anderes Urteil über medizinische Gutachter fällen. Auch die hohe Zahl von Schadensregulierungen im außergerichtlichen Verfahren zeigt, daß es keineswegs an Ärzten fehlt, die bereit sind, die Tätigkeit eines anderen Kollegen kritisch zu würdigen. Gerade im Bereich der auch von der Rechtsprechung sanktionierten Methodenfreiheit wird hier oft das Wort von der Krähentheorie widerlegt, wenn nämlich ein Sachverständiger allzu apodiktisch an der von ihm vertretenen und gelehrten Methode festhält und hieran das Verhalten seines Kollegen mißt.

Im Zusammenhang mit der Erstellung eines medizinischen Gutachtens muß auch dem Gericht oftmals der Vorwurf unklarer Fragestellungen gemacht werden. Der Gutachter kann und wird nämlich immer nur Aussagen mit der gleichen Deutlichkeit treffen können, mit der auch das Gericht seine Fragen an den Gutachter stellt. Allzu leicht wird in der Fragestellung des Gerichts das Vorliegen eines Behandlungsfehlers mit der Bejahung der Schuld verknüpft, während sich der Gutachter jedoch nur zur Frage der Sorgfaltspflichtverletzung und deren Kausalität mit dem eingetretenen Schaden zu äußern hat. Die Schuldfrage, ob also der behandelnde Arzt die erforderliche Sorgfalt außer acht gelassen hat, also nicht nur die individuelle, den persönlichen Kenntnissen und Fähigkeiten entsprechende Sorgfalt, muß das Gericht selbst entscheiden, ggf. nach Anhörung des Gutachters zu der Frage, welches Handeln der erforderlichen Sorgfalt entsprochen hätte.

Liegt ein schriftliches Gutachten vor, so wird gerade im Arzthaftpflichtprozeß die Anhörung des Gutachters im mündlichen Termin die Regel sein, auch wenn sie vom Gesetz nur fakultativ vorgesehen ist. Da das Gericht nach dem Grundsatz der freien Beweiswürdigung im Urteil im einzelnen darlegen muß, warum es die Feststellungen des Gutachters für überzeugend ansieht und sich daher ihnen anschließt, wird es zum medizinischen Verständnis des Gerichts in der Regel erforderlich sein, daß der Gutachter seine schriftlichen Ausführungen mündlich erörtert und darlegt. Ist der beklagte Arzt mit den Feststellungen des Gutachters nicht einverstanden, so kann er die persönliche Anhörung des Gutachters beantragen und ihm dann entsprechende Fragen und Einwendungen entgegenhalten. Außerdem kann der Beklagte, wenn er mit dem Gutachten nicht einverstanden ist, die Einholung weiterer Gutachten, fälschlich oft Obergutachten genannt, beantragen, wobei das Gericht einem solchen Antrag allerdings nicht stattgeben muß.

Das Gericht weist entweder die Klage zurück oder aber verurteilt den beklagten Arzt zur Zahlung eines bestimmten Geldbetrages als Schadenersatz und gegebenenfalls zur Zahlung eines Schmerzensgeldes.

Der verurteilte Arzt kann gegen die Entscheidung des Landgerichts Berufung zum Oberlandesgericht einlegen. Ihm steht hierzu eine Berufungsfrist von 1 Monat nach der Zustellung des Urteils zur Verfügung. Die Berufungsschrift muß von einem Anwalt verfaßt und unterzeichnet sein. Zur Begründung der Berufung steht dem Berufungskläger eine weitere Frist von 1 Monat zur Verfügung, die mit der Einlegung der Berufung beginnt und auf Antrag verländert werden kann, auch mehrmals.

Die Berufungsinstanz ist wiederum eine Tatsacheninstanz, in der also nicht nur Rechtsfragen geprüft, sondern auch selbständig der erforderliche Sachverhalt ermittelt wird. Anders dagegen die Revisionsinstanz, in der nur noch eine rechtliche Nachprüfung der vorinstanzlichen Entscheidung erfolgt, Ermittlungen in tatsächlicher Hinsicht also nicht mehr angestellt werden. Vielmehr ist der BGH als Revisionsgericht an die tatsächlichen Feststellungen des Berufungsgerichts gebunden, selbst wenn sie sich in der Zwischenzeit als unzutreffend herausgestellt haben sollten.

Da die Revision vor allem der Wahrung einer einheitlichen Rechtsprechung dient, läßt das Gesetz nur in eingeschränktem Maße die Revision zu. So ist in vermögensrechtlichen Streitigkeiten eine Revision nur möglich, wenn der Wert der Beschwer DM 40 000 übersteigt. In anderen

Fällen ist eine Revision zum BGH nur möglich, wenn das Oberlandesgericht sie in seinem Urteil zugelassen hat. Dies ist jedoch nur dann möglich, wenn der Rechtsstreit nach Meinung des OLG grundsätzliche Bedeutung hat oder das Urteil des OLG von einer Entscheidung des BGH abweicht.
Die Entscheidung des BGH ist die letztinstanzliche Entscheidung, gegen die nur noch die Möglichkeit der Verfassungsbeschwerde zum Bundesverfassungsgericht besteht. Einer Verfassungsbeschwerde dürfte allerdings nur in den seltensten Fällen ein Erfolg beschieden sein.

4.3 Beweislastverteilung im Arzthaftpflichtprozeß

4.3.1 Allgemeines

Die Klagen über Beweisschwierigkeiten des anspruchstellenden Patienten im Arzthaftpflichtprozeß sind Legion. Auch der Deutsche Juristentag 1978 beschäftigte sich sehr ausführlich mit diesen Klagen und mit den von der Rechtsprechung entwickelten Beweisregeln in diesem Haftpflichtbereich. Auch die Rechtsprechung selbst hat schon wiederholt auf die besonders schwierige und verantwortungsvolle richterliche Aufgabe der Tatsachenfeststellung im Arztfehlerprozeß hingewiesen sowie darauf, daß der Richter der Tatsacheninstanz hier mehr als im durchschnittlichen Parteiprozeß zu einer gesteigerten Aufmerksamkeit aufgerufen sei. Das Gebot der Waffengleichheit der Parteien, dem der Richter im Arzthaftungsprozeß in besonderem Maße verpflichtet sei, erfordere es, den Sachverständigen im Zuge der mündlichen Bekundungen zu Erläuterungen zu veranlassen, die seine sachkundige Meinungsbildung auch für einen aufgeschlossenen Nichtmediziner in möglichst weitem Umfange logisch überprüfbar und nachvollziehbar machen. Möglicherweise gebe bereits die Vorgeschichte dem Richter Anlaß, in die Objektivität des Gutachters nachhaltige Zweifel zu setzen. Diese und ähnliche vom BGH wiederholt gemachten Äußerungen sind zuletzt in der Entscheidung vom 24. 6. 1980 (NJW. 1980, 2751) erwähnt, in der es um die Pflicht des Arztes ging, vor einer Leistenbruch-Operation über die Gefahr der Hoden-

Atrophie aufzuklären. Derartige in den Ohren eines Arztes hart klingenden Äußerungen des Obersten Gerichts für Arztfehlerprozesse haben die Ärzteschaft immer wieder schockiert und zu der weitverbreiteten Meinung geführt, der Jurist habe zuwenig Vorstellungen und Kenntnisse über die Besonderheiten und auch Schwierigkeiten der medizinischen Wissenschaft, so daß die ärztliche Tätigkeit in unangemessener Weise von Juristen an unerfüllbaren Maximen gemessen würde.

Diese Kritik der Ärzteschaft an der Rechtsprechung, insbesondere an der Rechtsprechung des BGH ist sicherlich nicht gerechtfertigt. Denn gerade der BGH war es, der in konsequenter Rechtsprechung der vor allem im Schrifttum geäußerten Forderung widerstanden hat, bei einer objektiv festgestellten Sorgfaltspflichtverletzung im Rahmen der Vertragshaftung dem Arzt in analoger Anwendung von § 282 BGB die Beweislast für das Fehlen seines Verschuldens aufzuerlegen, also eine Umkehr der Beweislast vorzunehmen.

Weiterhin muß auch darauf hingewiesen werden, daß es meist gerade die spektakulären Fälle sind, die Gegenstand einer revisionsgerichtlichen Überprüfung werden; Fälle also, in denen meist auch ein unbeteiligter Arzt feststellen muß, daß nicht alles in wünschenswerter Weise verlaufen ist. Nicht zuletzt muß aber auch eine deutliche Entspannung des Verhältnisses zwischen Ärzten und Juristen gerade in den letzten Jahren festgestellt werden, was sicherlich eine Folge des zunehmenden gegenseitigen Dialogs und der dadurch bedingten Ausräumung mancher Mißverständnisse ist.

Auch die Tatsache, daß der Deutsche Juristentag 1978 ausdrücklich ergänzende Regelungen des Gesetzgebers zur Beweislastverteilung im Arzthaftpflichtprozeß abgelehnt hat, zeigt deutlich, daß manche Vermutung einer Voreingenommenheit der Rechtsprechung gegenüber Ärzten in der Regel nicht berechtigt ist. Gerade an den Fragen der Beweislastverteilung wird dies besonders deutlich. Hier soll auch auf die Entscheidung des Bundesverfassungsgerichts vom 2. 7. 1979 über eine Verfassungsbeschwerde gegen das Urteil des Oberlandesgerichts Stuttgart vom 18. September 1974 verwiesen werden, der die Vorstellung des beschwerdeführenden Patienten zugrunde lag, der Arzt müsse den Beweis für das Nichtvorliegen eines Behandlungsfehlers führen. Hierzu vertrat das Bundesverfassungsgericht die Meinung, es sei nicht zu beanstanden, wenn die sonst im Zivilprozeß übliche Beweislastregelung auch für den Arzthaftpflichtprozeß gelte.

4.3.2 Beweislast des Patienten

Grundsätzlich gelten auch im Arzthaftungsprozeß die allgemeinen Regeln der Beweislast. Danach muß der Patient als Kläger grundsätzlich die klagebegründenden Tatsachen darlegen und beweisen, weil jede Partei die Beweislast für das Vorliegen der tatsächlichen Voraussetzungen der ihr günstigen Rechtsnormen trägt. Als Folge dieser Beweislast wirkt sich die Unmöglichkeit der Aufklärung entscheidungserheblicher Tatsachen zum Nachteil derjenigen Partei aus, die für den betreffenden Sachverhalt die Beweislast trägt.

Im Rahmen der gesetzlichen Beweislastregeln obliegt dem Patienten grundsätzlich die Beweislast für das Vorliegen einer objektiven Sorgfaltspflichtverletzung, also für den Behandlungsfehler, weiterhin für die Kausalität zwischen der fehlerhaften Behandlung und dem eingetretenen Schaden sowie für das Verschulden des Arztes. Weder der Mißerfolg der ärztlichen Behandlung allein rechtfertigt den Schluß auf einen Behandlungsfehler, noch kann allein aus dem Vorliegen eines Behandlungsfehlers auf die Kausalität für den Schaden und das Verschulden des Arztes geschlossen werden. Denn die Einwirkung des Arztes auf den lebenden Organismus des Menschen ist, dies wurde von der Rechtsprechung mehrfach betont, nur in begrenztem Umfange beherrschbar. Insofern kann das Risiko der Unaufklärbarkeit von Krankheits- und Heilungsverläufen nicht allgemein dem Arzt auferlegt werden. Daher hat es die Rechtsprechung auch stets abgelehnt, die allgemeine Beweislastverteilung im Bereich des Arzthaftungsprozesses zu durchbrechen und dem Arzt in analoger Anwendung von § 282 BGB die Beweislast für sein fehlendes Verschulden aufzuerlegen, wenn das Vorliegen einer Fehlbehandlung durch den Arzt nachgewiesen wurde.

Anders stellt sich die Beweislastverteilung lediglich im Zusammenhang mit einer mangelhaften Aufklärung des Patienten dar (vgl. 3.1). Da die ärztliche Behandlung als Eingriff in die körperliche Unversehrtheit des Patienten tatbestandsmäßig eine Körperverletzung darstellt, ist der Eingriff nur dann gerechtfertigt, wenn der Patient hierzu seine Einwilligung erteilt hat. Da der Patient in einen ärztlichen Eingriff nur dann wirksam einwilligen kann, wenn er über Art, Umfang und Folgen des geplanten Eingriffs aufgeklärt wurde, obliegt dem Arzt die Beweislast für eine wirksame Aufklärung des Patienten (vgl. 3.1).

4.3.3 Beweiserleichterung, Beweislastumkehr

Im Hinblick auf die bereits angesprochene typische Beweisnot des Patienten im Arzthaftungsprozeß hat jedoch die Rechtsprechung einige Grundsätze zur Beweiserleichterung bis hin zur Beweislastumkehr entwickelt. Diese Rechtsprechungspraxis gründet sich — wie der BGH selbst einräumt — weniger auf rechtsdogmatische Erwägungen als vielmehr auf das Gebot der Billigkeit.

Ein typischer Fall der Beweiserleichterung ist der sogenannte Anscheinsbeweis (prima-facie-Beweis). Danach kann von einem feststehenden Ereignis, also Behandlungsfehler, auf einen bestimmten Erfolg, nämlich den Schaden, oder umgekehrt von einem feststehenden Erfolg auf eine bestimmte Ursache geschlossen werden, wenn ein Sachverhalt vorliegt, der nach allgemeinen Lebenserfahrungen auf einen bestimmten, typischen Verlauf hinweist. Kann der klagende Patient also einen Umstand darlegen, der nach den allgemeinen Lebenserfahrungen auf ein Verschulden des Arztes hinweist, wie dies zum Beispiel im Fall des Zurücklassens einer Arterien-Klemme der Fall ist, so mildert sich die Beweislast des Patienten durch den Beweis des ersten Anscheins in der Weise, daß der Arzt die Beweisführung des Patienten nur dadurch erschüttern und dessen volle Beweislast wiederherstellen kann, daß er in dem konkreten Fall die ernsthafte Möglichkeit eines atypischen Geschehensablaufs darlegt, wonach also im vorliegenden Beispiel der nachgewiesene Schaden nicht durch einen schuldhaften Behandlungsfehler ausgelöst wurde. Dabei kann der Arzt den Anscheinsbeweis nicht bereits dadurch entkräften, daß er eine fernliegende theoretische Möglichkeit eines atypischen Geschehensablauf darlegt. So hat der BGH in einer Entscheidung von 1956 den Anscheinsbeweis in einem Fall zugelassen, in dem nach einer Operation von einem anderen Arzt Tamponreste gefunden wurden und der Operateur nicht nachweisen konnte, daß in der Zwischenzeit ein dritter Arzt die Wunde behandelt hatte. Nach den Regeln über den Beweis des ersten Anscheins hatte der BGH angenommen, daß der operierende Arzt bei der Operation Tampons verwand und die Tamponreste in der Wunde zurückgelassen hatte.

Praktische Beispiele aus der Rechtsprechung zum Anscheinsbeweis im Arzthaftpflichtprozeß gibt es relativ wenig. Es soll daher der Hinweis genügen, daß der Beweis des ersten Anscheins immer dann eingreift, wenn Schädigungen des Patienten vernünftigerweise nur durch eine Sorgfaltspflichtverletzung erklärt werden können.

Der Anscheinsbeweis scheidet aber immer dann aus, wenn der Geschehensablauf gerade deshalb nicht typisch ist, weil verschiedene Ursachen für den eingetretenen Schaden denkbar sind.
Über die bloße Beweiserleichterung zugunsten des Patienten hinaus kann es aber auch zur völligen Verlagerung der Beweislast auf den Arzt kommen, also zur sogenannten Umkehr der Beweislast. Insbesondere dann, wenn feststeht, daß der Arzt einen groben Behandlungsfehler begangen hat, und diese Sorgfaltspflichtverletzung generell geeignet ist, einen Schaden herbeizuführen, wie er im konkreten Fall tatsächlich eingetreten ist. In derartigen Fällen verzichtet die Rechtsprechung aus Billigkeitsgründen darauf, daß der Patient die Kausalität zwischen Pflichtwidrigkeit und Schaden sowie das Verschulden des Arztes beweisen muß. Vielmehr hat dann der Arzt selbst zu beweisen, daß der Schaden nicht auf seine Pflichtwidrigkeit zurückzuführen ist oder daß ihm kein Verschulden zur Last gelegt werden kann.
Gleiches gilt in solchen Fällen, in denen der Arzt vorsätzlich oder leichtfertig anläßlich der Behandlung eine Gefahr geschaffen hat, die nach den Erfahrungen der Medizin zu Schädigungen von der Art führen können, wie sie tatsächlich festgestellt wurden.
So hat der BGH zum Beispiel einen groben Behandlungsfehler angenommen, weil ein Operateur nach Beseitigung der Dupuytrenschen Kontraktur eines Fingers nicht sofort einen neuen Eingriff durchgeführt hat, als sich einige Stunden nach der Operation eine venöse Nachblutung im Operationsgebiet zeigte. Gerade bei einer solchen Operation müsse mit Komplikationen gerechnet werden, insbesondere mit solchen Nachblutungen. Es müsse daher als grober Behandlungsfehler gewertet werden, wenn der Operateur erst 32 Stunden nach der Operation den Patienten zur Nachschau aufgesucht habe. Ebenso hatte es der BGH als einen groben Behandlungsfehler angesehen, daß ein Zahnarzt nach Ziehen eines Schneidezahns, bei dem ein kleiner Wurzelrest im Kiefer steckenblieb, nach Auftreten von erheblichen Schmerzen keine weiteren Veranlassungen vornahm, so daß es dann zu einer linksseitigen Kieferhöhlenentzündung kam. In diesen Fällen hatte der BGH von der Möglichkeit der Beweislastumkehr zugunsten des Patienten und zu Lasten des Arztes Gebrauch gemacht.
Ebenso hat die Rechtsprechung in solchen Fällen eine Umkehr der Beweislast angenommen, wenn der Arzt dem Patienten die Beweisführung dadurch erschwert oder gar unmöglich gemacht hat, daß er Beweismittel beseitigte oder verfälschte, sei es daß Krankengeschichten oder Teile

davon vernichtet oder verändert wurden, sei es daß ein im Rahmen einer Nachoperation herausoperierter Fremdkörper beseitigt wurde. So hat zum Beispiel der BGH eine Beweislastumkehr zu Lasten eines Krankenhausträgers angenommen, als nach einer Häufung von Hepatitis-Infektionen ein Sterilisationsgerät für Injektions- und Infusionsinstrumente beseitigt worden war, nachdem sich der Verdacht einer mangelhaften Funktion dieses Geräts gebildet hatte.

Umgekehrt kann aber auch den Patienten der Vorwurf der Beweisvereitelung treffen, wenn nämlich der Kläger den vom beklagten Arzt als Zeugen benannten mitbehandelnden Kollegen nicht von der Schweigepflicht entbindet, oder wenn sich der klagende Patient weigert, sich einer zur Aufklärung des Sachverhalts notwendigen Untersuchung zu unterziehen.

Auf die Möglichkeit der Beweislastumkehr bei einer unzulänglich, unrichtig oder gar gefälschten Krankengeschichte wurde bereits hingewiesen (vgl. 3.5).

5. Reformvorstellungen

5.1 Allgemeines

Das geltende deutsche Haftpflichtrecht geht bei der Regulierung ärztlicher Behandlungsschäden, wie unter Abschnitt 2 dargestellt, von der sogenannten Verschuldenshaftung aus. Danach muß dem behandelnden Arzt neben der Kausalität zwischen der ärztlichen Behandlung und dem eingetretenen Schaden zugleich auch ein Verschulden nachgewiesen werden. Dabei muß in der Regel der Patient, wie wir gesehen haben, im Rahmen der ihm obliegenden Beweislast sowohl die Kausalität als auch das Verschulden des Arztes nachweisen. Beweisschwierigkeiten gehen also zu Lasten des Patienten und der von ihm geltend gemachten Forderungen.

Diese Konsequenzen aus der Verschuldenshaftung werden seit vielen Jahren von geschädigten Patienten und Rechtsanwälten heftig kritisiert. Der Nachweis schuldhafter Verursachung stoße wegen der Undurchschaubarkeit medizinischer Sachverhalte meist auf unüberwindliche Schwierigkeiten. Ärztliche Gutachter seien meist nicht bereit, eindeutige Stellungnahmen über das Handeln ihrer Kollegen abzugeben. Als Folge dieser sich in den letzten Jahren verstärkenden Kritik haben sich sogenannte Patientenschutzbünde gebildet, die die Interessen geschädigter Patienten wahrnehmen wollen.

So wurden in der Öffentlichkeit immer mehr Stimmen laut, die eine Änderung des ärztlichen Haftpflichtrechts forderten, insbesondere die Ersetzung der Verschuldenshaftung durch die Gefährdungshaftung. Diese Gefährdungshaftung gilt zum Beispiel im KFZ-Recht, wonach allein der Betrieb eines Kraftfahrzeugs eine Gefährung der öffentlichen Sicherheit darstellt, so daß im Schadensfalle der KFZ-Führer nachweisen muß, daß der Unfall auch bei größter Sorgfalt nicht vermeidbar war. Andere Stimmen fordern die Einführung einer Patientenversicherung, wie sie 1975 in Schweden eingeführt wurde.

Aber auch innerärztlich wird immer häufiger und immer lauter die Frage gestellt, ob das derzeitige System der haftpflichtrechtlichen Abwicklung von ärztlichen Behandlungsschäden für den Arzt überhaupt noch tragbar sei. Anlaß hierfür ist nicht nur die ansteigende Zahl von Haftpflichtprozessen, verbunden mit Horrornachrichten aus Amerika über die Entwicklung der dortigen Arzthaftungsprozesse, ist nicht nur die Tendenz, Strafprozesse gegen Ärzte zu initiieren in der Hoffnung, auf diesem Wege vielleicht ein kostenloses Gutachten zur Frage des ärztlichen Verschuldens zu erlangen; Anlaß hierfür ist auch die ärztliche Selbsterkenntnis, daß mit den Fortschritten in Diagnostik und Therapie durch die Entwicklung wirkungsvollerer, aber auch risikoreicherer Verfahren und Medikamente, durch die Entwicklung invasiver Diagnostikverfahren, hochkomplizierter Operationstechniken etc. die ärztliche Tätigkeit im Rahmen der Verschuldenshaftung einer zunehmenden Kriminalisierung ausgesetzt sei.

Aber noch ein weiterer Gesichtspunkt spielt eine wesentliche Rolle bei den innerärztlichen Überlegungen nach einer Änderung des derzeitigen Schadensausgleichs-Systems. Immer häufiger werden nämlich Schadensersatzansprüche auf den Vorwurf einer unterlassenen oder unvollständigen Aufklärung gestützt, weil sich einerseits der Nachweis eines schuldhaften Behandlungsfehlers möglicherweise als schwierig erweist, andererseits der Arzt die Beweislast für eine rechtswirksame Aufklärung des Patienten trägt. Da nämlich der ärztliche Eingriff tatbestandsmäßig eine Körperverletzung darstellt, zur Rechtfertigung des Eingriffs der Arzt also die Einwilligung des Patienten einholen muß, trägt der Arzt die Beweislast für das Vorliegen einer rechtfertigenden Einwilligung des Patienten. Mit dieser zunehmenden Belastung der Patientenaufklärung durch haftungsrechtliche Aspekte wird zugleich aber auch das Verhältnis zwischen Arzt und Patient belastet und verrechtlicht. Was soll, was muß der Arzt dem Patienten mitteilen, um dem Gebot der freien Willensbildung Rechnung zu tragen? Was darf, was kann der Arzt seinem Patienten verschweigen, um ihn vor einer erheblichen Störung seines Gesundheitszustands durch die Offenbarung zu bewahren? Welcher Grundsatz soll Maxime des ärztlichen Tuns sein? Voluntas aegrotii suprema lex? Oder: Salus aegrotii suprema lex?

Diese schier unlösbar erscheinenden Fragen beherrschen seit etlichen Jahren die arztrechtliche Diskussion. So hat sich auch der 52. Deutsche Juristentag 1978 in Wiesbaden sehr ausführlich in einer speziellen Abteilung Arztrecht mit dieser Thematik und mit diesen Problemen befaßt.

5.2 Gefährdungshaftung

Bis heute haben sich die Ärzteschaft und ihre Repräsentanten überwiegend für die Beibehaltung der Verschuldenshaftung ausgesprochen — wie auch ein vertraglicher Haftungsausschluß stets abgelehnt wurde —, weil dies dem ärztlichen Selbstverständnis und der daraus resultierenden

Reformvorstellungen 95

Bereitschaft entspreche, für das persönliche Handeln und damit für das eigene Verschulden einzustehen.
Gerade diese Verpflichtung zur persönlichen Verantwortung wirke zugleich auch generalpräventiv, diene also der Schadensverhütung durch Abschreckung. So sind es dann auch vor allem die Patientenschutzbünde und Kritiker des Ärztestandes, die eine Ersetzung der Verschuldenshaftung durch die Gefährdungshaftung fordern. Damit stellt sich allerdings die Frage, warum gerade der ärztliche Handlungsbereich aus dem allgemeinen System des Schadensausgleichs bei Personenschäden herausgenommen werden sollte.
Die Kritiker des geltenden Haftungssystems verweisen demgegenüber auf die Schwierigkeit, medizinisches Verhalten zu analysieren und objektivieren und somit personales Verschulden nachzuweisen, insbesondere da immer nur ein Arzt über ärztliches Handeln zu befinden habe. Das böse Wort von der Krähe ist bekannt, die einer anderen Krähe kein Auge aushackt. Zu diesen Schwierigkeiten komme hinzu, daß die persönliche Verantwortung des Arztes nur theoretisch sei, da seine Haftpflichtversicherung ihm die wirtschaftlichen Konsequenzen einer Schädigung abnehme. Dieser Einwand geht an der Realität vorbei und der Tatsache, daß der Arzt gerade durch den Schuldvorwurf in der Regel tief getroffen wird und unter diesem „Makel" leidet.
Die so für das ärztliche Haftungsrecht geforderte Gefährdungshaftung ist vor allem aus dem Bereich des Verkehrsrechts bekannt.
Der Schädiger haftet im Rahmen der Gefährdungshaftung nicht nur bei Verschulden, also bei objektiv pflichtwidrigem und subjektiv verwerfbarem Verhalten, insbesondere bei Außerachtlassung der im Verkehr erforderlichen Sorgfalt, sondern immer dann, wenn er jede nach den Umständen des Falls gebotene Sorgfalt außer acht gelassen hat. Die Haftung des Schädigers im Rahmen der Gefährdungshaftung entfällt demnach nur dann, wenn der Eintritt des Schadens für ihn ein *unabwendbares* Ereignis war.
Die in der Regel durch Sondergesetze vorgesehene Gefährdungshaftung geht davon aus, daß bereits durch die bloße Inbetriebnahme einer bestimmten Einrichtung oder durch die bloße Haltung eines besonderen Tieres eine Gefährdung der Umwelt entsteht, die es rechtfertigt, dem Halter der Einrichtung oder des Tieres auch ohne dessen Verschulden eine Haftpflicht aufzuerlegen, da in derartigen Fällen dem Geschädigten nicht zugemutet werden könne, das Vorliegen eines Verschuldens des Halters nachzuweisen.

Damit wird aber bereits der wesentliche Unterschied zur ärztlichen Tätigkeit deutlich sowie verständlich, warum die Gefährdungshaftung in rechtsdogmatischer Hinsicht ein ungeeignetes Instrument des ärztlichen Haftungsrechts darstellt. Während nämlich in den Fällen der Gefährdungshaftung die innere Begründung für diese Haftungsregelung darin besteht, daß bereits der Betrieb der Einrichtung eine Gefahrenquelle darstellt, ist es bei der ärztlichen Tätigkeit gerade umgekehrt. Der kranke Patient sucht den Arzt auf, um von ihm die Gefährdung seiner Gesundheit oder des Lebens beseitigen oder zumindest lindern zu lassen. Nicht die Tätigkeit des Arztes stellt die Gefahrenquelle dar, sondern die Krankheit des Patienten.

Insgesamt stieß der Vorschlag zur Einführung einer Gefährdungshaftung für den Bereich der ärztlichen Behandlung auf die überwiegende Ablehnung der Teilnehmer des 52. Deutschen Juristentags in Wiesbaden. Insbesondere auch die Vertreter der Rechtsprechung lehnten diesen Vorschlag mit der Begründung ab, daß hierdurch die Probleme nur verlagert, nicht aber beseitigt würden.

5.3   Patientenschutzversicherung

Ausgehend von dem schwedischen Modell einer Patientenversicherung diskutierte auch der Deutsche Juristentag 1978 über die Möglichkeit der Einführung einer Direktversicherung zugunsten des Patienten. Einer Versicherung also, durch die nicht das Haftpflichtrisiko des Arztes, sondern vielmehr das Behandlungsrisiko des Patienten abgedeckt werden soll. Obwohl namhafte Juristen dafür plädierten, zumindest langfristig eine Abdeckung der Risiken einer Heilbehandlung durch eine Pflichtversicherung des Patienten anzustreben, lehnte die Mehrheit des Deutschen Juristentags den Antrag ab. Beschlossen wurde dagegen eine Empfehlung an das Bundesjustizministerium, eine gemischte Kommission möge untersuchen, ob und ggf. in welcher Weise eine obligatorische Versicherung des Patienten gegen Risiken ärztlicher Behandlung eingeführt werden könne.

Seit diesem Beschluß werden die Möglichkeiten einer Patientenversicherung innerärztlich stark diskutiert. Im Rahmen des Arbeitskreises „Ärzte und Juristen", unter dem Vorsitz von Professor Kuhlendahl, Düsseldorf, wurde von K. H. Dinslage, Vorsitzender Richter eines für

Reformvorstellungen 97

Versicherungsvertragsrecht zuständigen Senats am Oberlandesgericht Düsseldorf, das Modell einer Patientenversicherung entwickelt und der Öffentlichkeit vorgestellt.
Es ist das Ziel einer solchen *Patientenversicherung*, das Verhältnis zwischen Patient und Arzt zu entschärfen. Zwar soll an dem geltenden Verschuldensprinzip und im wesentlichen auch an der geltenden Beweislastverteilung nichts geändert werden. Der Mißbrauch des Vorwurfs einer mangelhaften Aufklärung zur Durchsetzung von Schadensersatzansprüchen sowie einer Strafanzeige gegen den Arzt zur Einleitung staatsanwaltschaftlicher Ermittlungen soll jedoch dadurch ausgeschlossen werden, daß der durch eine Heilmaßnahme geschädigte Patient bei Inanspruchnahme der Patientenversicherung leichter und schneller einen Geldausgleich erhält, als dies gegenwärtig über einen Haftpflichtprozeß der Fall ist. Die Patientenversicherung nach Dinslage will dies dadurch erreichen, daß nur noch die Kausalität zwischen dem ärztlichen Tun und dem Eintritt eines Schadens geprüft werden soll, also nicht mehr, ob auch ein Verschulden des Arztes vorliegt. Es sollen jedoch solche Fälle von der Regulierung ausgeschlossen bleiben, in denen der Eintritt des Schadens auf einem „schicksalsmäßigen Verlauf" beruht.
Die Patientenversicherung soll das Behandlungsrisiko des Patienten abdecken, also nicht das Haftpflichtrisiko des Arztes. Die Patientenversicherung soll somit nicht die Berufshaftpflichtversicherung des Arztes ablösen und ersetzen. Nach wie vor soll die Verschuldenshaftung neben der Patientenversicherung fortbestehen, so daß der Patient stets die Möglichkeit hätte, über die Leistungen der Patientenversicherung hinaus einen Haftpflichtprozeß gegen den Arzt durchzuführen. Dabei rechnet Dinslage allerdings damit, daß der Patient in der Regel von diesem zweiten Schritt als zu beschwerlich Abstand nimmt, zumal seine finanziellen Ansprüche weitgehend befriedigt sind.
Versicherungsnehmer einer solchen Patientenversicherung soll der Arzt sein, während der Patient der Versicherte, also der Begünstigte ist, der eigene Ansprüche gegen die Versicherung hat bzw. geltend machen kann.
Die Leistungen der Patientenversicherung sollen aus Kostengründen bezüglich des Schmerzensgeldes der Höhe nach begrenzt sein, wobei zunächst einmal ein Betrag in Höhe von DM 50 000 vorgeschlagen wurde. Der Versicherer soll zugleich die Möglichkeit behalten, im Umfang seiner Leistungen an den Patienten Rückgriff gegenüber dem Arzt zu nehmen, wenn dieser wegen Verschuldens haften würde. Da jedoch nach dem

Vorschlag von Dinslage derselbe Versicherer, der heute die Arzthaftpflicht versichert, auch das Behandlungsrisiko des Patienten versichern würde, wäre die Möglichkeit eines Regresses ohne praktische Bedeutung.
Die Haltung der Ärzteschaft gegenüber diesem Modell ist sehr uneinheitlich. Einigkeit besteht nur insoweit, als für eine Fortsetzung der Diskussion dieser Idee und des Modells plädiert wird.
Die großen Arzt-Haftpflichtversicherer haben eine gewisse Skepsis geäußert. Nach ihrer Meinung stellt die Verschuldensfrage das geringste Problem bei der derzeitigen Regulierung von Schadensersatzansprüchen dar. In der Praxis liege das Hauptproblem in der Regel beim Nachweis der Kausalität. Stehe erst die Kausalität fest, dann folge daraus meist auch das Vorliegen eines Verschuldens. Im übrigen komme es nur in rund 7 % aller vermeintlichen Schadensfälle zu einem Prozeß. Ein Drittel der Fälle würde mit einem Vergleich beendet, während rund 60 % der Ansprüche abgewiesen würden.
Das wesentliche Problem in dem dargestellten Modell einer Patientenversicherung ist die Frage der Abgrenzung solcher Fälle, die von der Patientenversicherung reguliert werden sollen, von denjenigen Fällen, in denen der eingetretene Schaden bzw. mangelnde Erfolg der ärztlichen Behandlung auf einem schicksalsmäßigen Verlauf beruht.
Dem steht allerdings die Tatsache gegenüber, daß in *Schweden* seit Einführung der dortigen Patientenversicherung kein Haftpflichtprozeß mehr vor Gericht geführt wurde. Ob ein ähnliches Ergebnis in der Bundesrepublik erreicht werden kann, scheint jedoch recht fraglich zu sein. Auch vor Einführung dieser Versicherung kam es in ganz Schweden, wie H. Behne berichtet, jährlich nur zu weniger als 10 Gerichtsurteilen, die einen Schadensersatzanspruch wegen ärztlicher Behandlung zusprachen. Bei einem Vergleich mit Schweden wird man im übrigen auch die großen Unterschiede im sozioökonomischen System zu bedenken haben.
Ursprünglich war mit der schwedischen Patientenversicherung beabsichtigt, von der Notwendigkeit des Nachweises eines ärztlichen Verschuldens abzurücken und die Prüfung allein auf die Kausalität zu beschränken. In der Praxis zeigte sich jedoch sehr rasch, daß es nicht möglich war, auf das Schuldprinzip völlig zu verzichten. In der heutigen Form stellt die schwedische Patientenversicherung daher ein Mischsystem aus einem im Grundsatz geltenden Kausalitätsprinzip dar, das teilweise mit dem Verschuldensprinzip vermischt ist. Weiterhin mußten aus Kostengründen nicht nur strenge Anforderungen an den Nachweis der Kausalität

Reformvorstellungen

aufgestellt, sondern zusätzlich eine klare Abgrenzung zu den „natürlichen Folgen der Primärerkrankung" vorgenommen werden.
4 Gruppen von Behandlungsschäden werden angesichert:

- Schäden, die durch eine Behandlung im engeren Sinne entstehen,
- Schäden durch eine falsche Diagnose,
- Unfallschäden,
- Infektionsschäden,

In diesen 4 Gruppen gibt es jeweils eine Reihe von Ausnahmen und Spezialregelungen zur Eingrenzung der Kosten. Allein im Bereich der Infektionsschäden existiert ein 3seitiger Katalog zu Abgrenzungsfragen.
Generell ausgenommen sind Schäden, die auf die Krankheit des Patienten zurückzuführen und unabhängig von der Behandlung entstanden sind. Schäden also, die als Folge eines notwendigen Eingriffs entstehen, sowie solche Schäden, die durch die Verwendung eines Medikaments eingetreten sind. Ebenso werden rein psychische Schäden nicht entschädigt. Gleiches gilt für sogenannte Bagatellschäden.
Als Leistungen werden ein Schmerzensgeld gewährt, Abfindungen, Renten etc. Allerdings werden Arbeitseinkommen, Lohnfortzahlung, Sozialhilfen jeder Art auf die Leistungen angerechnet. Der Schmerzensgeldanspruch ist auf rund 10 000 Schwedenkronen beschränkt, also auf ca. DM 5000.
Die Zahl der zugesprochenen Ansprüche ist auf heute rund 1300 pro Jahr angestiegen. In rund 54% aller gestellten Anträge wird ein Anspruch zugestanden.
Bei Einführung der Patientenversicherung in Schweden im Jahre 1975 betrugen die Kosten pro Einwohner 2 Kronen. 1977 stieg der Beitrag auf 2,70 Kronen, 1978 auf 3 Kronen und 1979 auf 3,50 Kronen je Einwohner.
Zusammenfassend kann man sagen, daß es noch kein einheitliches Urteil zur Einführung einer Patientenversicherung in der Bundesrepublik gibt. Die Probleme sind zu vielschichtig und die Auswirkungen nur schwer abzuschätzen.

6. Schlußbetrachtung

Der Arzthaftpflichtprozeß hat in den letzten Jahren sowohl in der Ärzteschaft als auch in der allgemeinen Öffentlichkeit eine Bedeutung erlangt, die weit über das hinausgeht, was dem Thema angemessen wäre. Allein in den bundesdeutschen Krankenhäusern werden jährlich über 11 Mio. Patienten behandelt, davon rund 1,8 Mio. chirurgische Patienten. Wenn von 3 chirurgischen Patienten 2 einem operativen Eingriff unterzogen werden, so werden allein 1,2 Mio. chirurgische Eingriffe pro Jahr in den deutschen Krankenhäusern durchgeführt. Wenn demgegenüber Hochrechnungen davon ausgehen, daß in der Bundesrepublik pro Jahr mindestens 6000 Ansprüche gegen Ärzte und Krankenhäuser wegen Behandlungsfehler erhoben werden, dann macht dies sicherlich am ehesten deutlich, welche Bedeutung der ärztliche Behandlungsfehler in der Praxis tatsächlich hat, selbst wenn man eine erhebliche Dunkelziffer einkalkuliert.

Dennoch kann natürlich nicht darüber hinweggesehen werden, daß kein anderes arztrechtliches Thema in der allgemeinen Diskussion diese Bedeutung hat. Nicht nur ärztliche Fach- und Standesblätter sind angefüllt mit Beiträgen zum Themenbereich der ärztlichen Sorgfaltspflichtverletzung, auch in der juristischen Literatur hat diese Thematik in der Zwischenzeit eine breite Bedeutung erlangt.

Damit nimmt die Diskussion um den Behandlungsfehler des Arztes eine Stellung ein, die nicht im mindesten vergleichbar ist mit der Diskussion um die Sorgfaltspflichtverletzung anderer Berufsgruppen.

Es wird nicht verkannt, daß der Behandlungsfehler eines Arztes für die betroffene Person oft von sehr viel schwerwiegenderer Bedeutung ist als der berufliche Fehler eines Anwaltes, eines Architekten, eines Wirtschaftsprüfers etc. Doch kann auch nicht bestritten werden, daß die Berichterstattungen über ärztliche Behandlungsmethoden und damit auch über ärztliche Behandlungsfehler in den letzten 10 Jahren en vogue geworden sind. Man hat sozusagen den ärztlichen Kunstfehler entdeckt.

Jede Mode, jede Bewegung schlägt eines Tages wieder in eine Gegenbewegung um. So sind auch erste Anzeichen einer Gegenbewegung im Bereich des ärztlichen Behandlungsfehlers festzustellen.

Ohne Zweifel war mancher kritische Diskussionsbeitrag zum Thema berechtigt. Ebenso kann aber auch nicht bezweifelt werden, daß sich im Bereich der Aufklärung, im Bereich der Gutachtertätigkeit etc. vieles zum Besseren hin gewandelt hat. Auch die Rechtsprechung selbst sieht heute manche Probleme sehr viel differenzierter als noch vor einigen Jahren. Die Rechtsprechung erkennt das selbstkritische Bemühen der Ärzteschaft um

Schlußbetrachtung

Verbesserungen an. Allgemeine Anerkennung hat die Einrichtung von Gutachter- und Schlichtungskommissionen gefunden. Die intensiven Bemühungen zur Verbesserung der Aufklärung des Patienten finden ohne Zweifel ihren Niederschlag, wenn ein Oberlandesgericht darauf hinweist, daß sich die Rechtsprechung davor hüten müsse, die Anforderungen an die Aufklärungspflicht der Ärzte zu übertreiben. Sie, die Rechtsprechung, würde damit den Ärzten praktisch unerfüllbare Pflichten auferlegen, ohne damit dem wahren Wohle des Patienten zu dienen. Solche Worte waren noch vor kurzer Zeit undenkbar.

Was ist die Ursache eines sich solchermaßen abzeichnenden Umschwungs?

Das selbstkritische Bemühen der Ärzteschaft wurde bereits erwähnt. Ein wesentlicher Beitrag stellt aber ohne Zweifel die Bereitschaft und das Bemühen der Ärzteschaft dar, das Gespräch mit der Rechtsprechung und Rechtswissenschaft zu suchen und zu führen. In unzähligen Diskussionen, Seminaren und Tagungen zwischen Ärzten und Juristen wurde das gegenseitige Verständnis für die andere Disziplin und der ihr jeweils eigenen Methodik und Denkweise gefördert. Große Verdienste in der Förderung des gegenseitigen Verständnisses hat hier ohne Zweifel der von Professor Kuhlendahl, Düsseldorf, initiierte Arbeitskreis Ärzte und Juristen erworben. Hier haben nicht nur Juristen gelernt, daß die Ausübung des ärztlichen Berufs den besonderen Schwierigkeiten der Unwägbarkeit menschlicher Natur unterliegt, auch Ärzte haben gelernt, daß sie in ihrem Verhalten zum Patienten zu dessen Wohl noch sehr vieles besser machen können.

Dieses beiderseitige Bemühen muß fortgesetzt werden. Ansätze zum positiven Wandel dürfen nicht im Sande verlaufen. Die Diskussion zwischen Ärzten und Juristen setzt voraus, daß jeder Diskussionsteilnehmer die Grundfragen und -probleme des ärztlichen Haftungsrechts kennt. Dem Arzt diese Grundkenntnisse zu vermitteln, dabei will diese Schrift mitwirken. Sie soll es dem Arzt ermöglichen, ein Gespräch mit Juristen zu führen, ohne daß beide aneinander vorbeireden.

7. Anhang

Auszüge aus der Rechtsprechung zum Arzthaftpflichtrecht

1. **Chefarzt als verfassungsmäßig berufener Vertreter**
   a) BGH, Urt. v. 21. 10. 1971
   b) BGH, Urt. v. 22. 4. 1980

2. **Ärztliche Dokumentation**
   a) BGH, Urt. v. 14. 3. 1978
   b) BGH, Urt. v. 27. 6. 1978
   c) OLG Bremen, Urt. v. 31. 7. 1979

3. **Verpflichtung zum Hausbesuch**
   BGH, Urt. v. 20. 2. 1979

4. **Haftung für Organisationsfehler**
   BGH, Urt. v. 24. 11. 1970

5. **Haftung für technische Mängel**
   a) BGH, Urt. v. 24. 6. 1975
   b) BGH, Urt. v. 11. 10. 1977

6. **Verantwortung bei Arbeitsteilung**
   BGH, Urt. v. 2. 11. 1979

7. **Haftung wegen Verletzung der Aufklärungspflicht**

7.1 Rechtzeitigkeit der Aufklärung
   OLG Stuttgart, Urt. v. 7. 12. 1977

7.2 Umfang der Aufklärungspflicht
   a) BGH, Urt. v. 4. 11. 1975
   b) BVerfG, Beschl. v. 25. 7. 1979
   c) BGH, Urt. v. 23. 10. 1979
   d) BGH, Urt. v. 22. 4. 1980
   e) BGH, Urt. v. 24. 6. 1980

7.3 Aufklärung über Außenseitermethode
   BGH, Urt. v. 27. 9. 1977

7.4 *Aufklärung über unvorhergesehenes Operationsrisiko*
BGH, Urt. v. 2. 11. 1976

7.5 *Aufklärungsanforderung bei Minderjährigen und kosmetischen Eingriffen*
BGH, Urt. v. 16. 11. 1971

8. **Beweislastverteilung**
   a) BVerfG, Beschl. v. 25. 7. 1979
   b) BGH, Urt. v. 22. 1. 1980
   c) BGH, Urt. v. 16. 6. 1981

9. **Haftungsausschluß**
   OLG Stuttgart, Urt. v. 7. 12. 1977

Anhang

1. Chefarzt als verfassungsmäßig berufener Vertreter

Für ärztliche Behandlungsfehler des alleinigen Chefarztes eines städtischen Krankenhauses, der den Anstaltsbetrieb in voller Eigenverantwortung leitet, haftet die Stadtgemeinde ohne Entlastungsmöglichkeit auch dann, wenn ihm rechtsgeschäftliche Vertretungsmacht nicht erteilt war.

BGH, Urt. v. 21. 9. 1971 — VI ZR 122/70 — NJW 1972, 334

Auch der Chefarzt einer organisatorisch nicht selbständigen Klinik ist, wenn er im medizinischen Bereich weisungsfrei ist, hinsichtlich der Haftung für von ihm begangene Behandlungsfehler als verfassungsmäßig berufener Vertreter der das Krankenhaus tragenden Körperschaft zu betrachten.

BGH, Urt. v. 22. 4. 1980 — VI ZR 121/78 —; Leitsatz aus NJW 1980, 1901

2. Ärztliche Dokumentation

Damit erfordert es der Grundsatz der „Waffengleichheit" im Arztfehlerprozeß zunächst, daß der Arzt dem klagenden Patienten Aufschluß über sein Vorgehen in dem Umfang gibt, in dem ihm dies ohne weiteres möglich ist, und insoweit auch zumutbare Beweise erbringt. Dieser Beweispflicht genügt der Arzt weithin durch Vorlage einer ordnungsmäßigen Dokumentation im Operationsbericht, Krankenblatt oder Patientenkarte, wie sie auch gutem ärztlichen Brauch entspricht. Vertrauenswürdigen Unterlagen dieser Art kann und soll in der Regel der Tatrichter bis zum Beweis der Unrichtigkeit Glauben schenken. Das bedeutet aber noch nicht, wie das BerGer. anzunehmen scheint, daß etwa jeder im Prozeß vorgelegte Operationsbericht des Arztes schon die Vermutung der Richtigkeit für sich hätte, obwohl er sich zunächst als Parteivortrag darstellt. Die „Waffengleichheit" erfordert es vielmehr, daß die Beklagtenseite gleichzeitig in zumutbarem Umfange Umstände darlegt und unter Beweis stellt, aus denen sich die allgemeine Vertrauenswürdigkeit der Aufzeichnung ergibt. Dazu gehört im vorliegenden Falle vor allem auch, daß der von dem Drittbekl. erstellte Bericht in unmittelbarem Zusammenhang mit der Operation abgefaßt und vor allem nicht etwa erst nach Erkennbarwerden des Zwischenfalls abgewandelt worden ist. Auch dieser Nachweis muß der Beklagtenseite bei ordnungsmäßiger Organisation des Krankenhausbetriebs unschwer möglich sein und ist ihr daher zuzumuten, er ist dann freilich tatrichterlich nicht starr, sondern verständnisvoll und fallbezogen zu würdigen.

BGH, Urt. v. 14. 3. 1978 — VI ZR 213/76 — NJW 1978, 1681 f. (1682)

Dem BerGer ist zuzustimmen, soweit es die Führung ordnungsmäßiger Krankenunterlagen als eine dem Arzt dem Patienten gegenüber obliegende Pflicht betrachtet. Zwar hat der erkennende *Senat* in zurückliegender Zeit noch die Auffassung vertreten, daß Aufzeichnungen des Arztes nur eine interne Gedächtnisstütze seien und daß zu ihrer sorgfältigen und vollständigen Führung dem Patienten gegenüber keine Pflicht bestehe. Der *Senat* hat aber inzwischen mehrfach zu erkennen gegeben, daß an dieser Rechtsprechung, die einer überholten ärztlichen Berufsauffassung unangemessen Raum zugesteht, nicht mehr festgehalten werden kann. Daß eine *Pflicht* des Arztes zu angemessener Dokumentation besteht, ist inzwischen auch in den ärztlichen Berufsordnungen allgemein anerkannt. Dabei läßt sich dieses Gebot letztlich nur aus der selbstverständlichen therapeutischen Pflicht gegenüber dem Patienten erklären, auf deren Gestaltung die Berufsordnung allerdings unmittelbar keinen Einfluß nehmen kann. Denn die weitere Behandlung des Patienten sowohl durch denselben Arzt als auch durch dessen zwangsläufigen oder frei gewählten Nachfolger kann durch unzulängliche Dokumentation entscheidend erschwert werden. Ob sich das BerGer. bei seiner eher abwertenden Erwägung des „Schreibwerks" dieser Zusammenhänge bewußt gewesen ist, mag dahinstehen. Es geht hier nicht unmittelbar um die unzweifelhafte therapeutische Notwendigkeit einer ordnungsmäßigen ärztlichen Dokumentation, sondern um ihre Bedeutung für die Beweislastverteilung im Arztfehlerprozeß. Auch insofern aber kann es nicht ohne Gewicht sein, daß eine Pflicht zu ordnungsmäßiger Dokumentation dem Patienten gegenüber ohnehin besteht, denn soweit diese Pflicht geht, kann der Arzt sich auch beweisrechtlich nicht auf eine angebliche Unzumutbarkeit der erforderlichen Aufzeichnungen berufen. Übrigens unterliegt es keinem Bedenken, diese Pflicht zur Dokumentation wenigstens in dem Umfang, in dem sie sich auch schon aus allgemeinen therapeutischen Erwägungen anbietet, dem Arzt auch außerprozessual als eine Art Rechenschaftspflicht aufzuerlegen, ähnlich der, die bei der Verwaltung fremden *Vermögens* seit langem selbstverständlich ist. Ein Vergleich der Interessenlagen kann hier mindestens nicht zu einer verminderten Aufzeichnungspflicht des Arztes (vor allem des den Patienten im ganzen „verwaltenden" Klinikers) im Vergleich zum Vermögensverwalter führen. Inwieweit sich aus der Besonderheit des Arzt-Patienten-Verhältnisses außerhalb einer gerichtlichen Auseinandersetzung Schranken für die Offenbarungspflicht des Arztes gegenüber dem Patienten persönlich ergeben können, ist in vorliegendem Fall nicht zu prüfen.

BGH, Urt. v. 27. 6. 1978 — VI ZR 183/76 — NJW 1978, 233ff. (2338/2339)

Ein Patient kann von seinem Arzt bzw. vom Träger des Krankenhauses die persönliche Einsichtnahme in seine Krankenunterlagen jedenfalls dann verlangen, wenn er ein berechtigtes Interesse hat. Dies ist der Fall, wenn der Patient die Aussichten eines Haftpflichtprozesses wegen fehlerhafter Behandlung prüfen will.

OLG Bremen, Urt. v. 31. 7. 1979 — 1 U 47/79 (b) —; Leitsatz aus NJW 1980, 644

3. Verpflichtung zum Hausbesuch

Es kann dahingestellt bleiben, ob es sich bei der Erkrankung des Ehemanns der Kl. nach den gesamten Umständen um einen Unglücksfall gehandelt hat, der ein sofortiges Eingreifen des Bekl. erforderlich machte, woraus sich unter Umständen eine Garantenstellung des Bekl. gegenüber dem erkrankten Patienten unabhängig davon ergeben hätte, ob er als behandelnder Arzt den Fall übernommen hatte oder nicht. Eine Garantenstellung des Bekl., die ihm eine besondere Obhuts- und Fürsorgepflicht für die Gesundheit des Ehemanns der Kl. auferlegte, folgt im Streitfall schon daraus, daß er seine Behandlung tatsächlich übernommen hatte. Mit der Fallübernahme erweckt der Arzt bei dem Patienten in der Regel das Vertrauen, dieser werde ihm unter Einsatz seiner ärztlichen Kenntnisse und Fähigkeiten beistehen, ihn weiter behandeln und notfalls weitere Hilfsmaßnahmen, zu denen er selbst nicht in der Lage ist, in die Wege leiten, etwa die Überweisung an einen Facharzt oder in ein Krankenhaus. Der Kranke verläßt sich auf diese Obhut und wird nicht mehr versuchen, anderweitig Hilfe zu erlangen. Die schuldhafte Verletzung dieser Garantenpflicht, die eine Körperverletzung oder den Tod des Patienten verursacht, führt zu einer Haftung des Arztes nach § 823 I BGB für den daraus entstandenen Schaden.

Spätestens damit, daß er der Erstkl. für ihren erkrankten Ehemann die genannten Medikamente mitgab und sie aufforderte, ihn wieder anzurufen, wenn sich das Befinden des Patienten verschlechtere, übernahm der Bekl. die Behandlung und damit die ärztliche Verantwortung für diesen Fall...

Es gehört zu den Aufgaben des Arztes, sich von den Leiden des Patienten ein eigenes Bild zu machen, dabei die Angaben Dritter, wie hier der Erstkl., nicht ungeprüft zu übernehmen und wichtige Befunde selbst zu erheben. Dazu ist, wenn der Patient nicht selbst in die Sprechstunde kommen kann, ein Hausbesuch jedenfalls dann erforderlich, wenn es sich offensichtlich um eine schwere Erkrankung handelt. Ferndiagnosen auf Grund mündlicher Berichte von Angehörigen können in den seltensten Fällen ausreichen, und viel anders ist es auch nicht, wenn der Arzt den Patienten selbst sprechen kann. Aus alldem folgt die Besuchspflicht des behandelnden Arztes, der er sich nur dann entziehen darf, wenn schwerwiegende Gründe (Behandlung anderer Patienten, anderweitige Verhinderung) ihn daran hindern, und er für anderweitige Hilfe sorgt.

BGH, Urt. v. 20. 2. 1979 – VI ZR 48/78 – NJW 1979, 1248 ff. (1249)

4. Haftung für Organisationsfehler

Bei der erneuten Verhandlung und Entscheidung wird das Berufungsgericht sein Augenmerk besonders darauf richten müssen, ob Tatsachen festgestellt werden können, die eine Haftung des Bekl. nach § 823 Abs. 1 BGB wegen eines Organisationsverschuldens ergeben.

1. Sollte sich das Berufungsgericht davon überzeugen, daß die von dem Bekl. vertretene Auffassung, nach welcher der Grundsatz, eine Vollnarkose dürfe nur bei leerem Magen des Patienten gegeben werden, nicht für Notoperationen Geltung haben soll, unrichtig ist und daß es bereits im Jahre 1958 zum medizinischen Fachwissen gehörte, eine Ätherinhalations-Narkose niemals, auch nicht in Ausnahmefällen, bei nicht entleertem Magen zu verabreichen, so würde das Verschulden des Bekl. bereits darin liegen, daß er selbst, und, wie die Beweisaufnahme ergeben hat, auch sein Oberarzt der Auffassung waren, bei Notoperationen dürfe der Patient auch bei nicht leerem Magen eine Vollnarkose erhalten. Es würde dann bewiesen sein, daß in der Klinik des Bekl. die von dem Sachverständigen als „ein klarer Grundsatz" bezeichnete Regel, eine Vollnarkose nur bei leerem Magen vorzunehmen, im Falle der Notopration schuldhaft als nicht gültig angesehen worden ist...

2. Das Berufungsgericht wird gegebenenfalls weiterhin zu prüfen haben, ob der Bekl. Anweisungen für den Fall gegeben hatte, daß in einem Zeitraum, in welchem er und der Oberarzt gerade andere Operationen vornahmen, ein sofort behandlungsbedürftiger Unfallverletzter eingeliefert und lediglich von dem Assistenzarzt untersucht und behandelt wurde.

Die BG haben, offensichtlich im Hinblick auf jahrzehntelange Erfahrungen auf dem Gebiet der Unfallfürsorge, die Erstuntersuchung eines Unfallverletzten und die Entscheidung über die zu treffenden ärztlichen Maßnahmen ausdrücklich den von ihnen bestellten Durchgangsärzten und Durchgangsarzt-Vertretern, welche die in Nr. 21 des Ärzteabkommens genannten besonderen fachlichen Voraussetzungen erfüllen müssen, übertragen und die Ausübung dieser Tätigkeit durch Assistenzärzte nicht gestattet. Diese zum Schutz und Wohl Millionen Berufstätiger getroffene Regelung legt die rechtliche Würdigung nahe, daß es auch im Rahmen des § 823 Abs. 1 BGB die Pflicht des Chefarztes ist, für den Fall, daß in seiner Privatklinik nur ein Assistenzarzt greifbar ist, die Anweisung zu geben, den Patienten an eine andere geeignete Klinik abzugeben, wenn damit keine Gefahr für diesen verbunden ist. Jedenfalls gibt die bezeichnete Regelung des Abkommens aber einen Anhaltspunkt für eine besondere Sorgfaltspflicht des verantwortlichen ärztl. Leiters einer Klinik, der es zuläßt, daß ein dort tätiger, nicht als Facharzt für Chirurgie anerkannter Assistenzarzt in gewissen Fällen selbständig die Entscheidung über die Notwendigkeit von Operationen Unfallverletzter trifft und diese Entscheidung dahin lautet, daß er die Operation selbständig ausführt. Die ihn selbst hierbei treffende Sorgfaltspflicht erfüllt der Klinik-Chef nur dann, wenn er den Assistenzarzt unmißverständlich anweist, ihn oder den Oberarzt von jeder beabsichtigten Operation in Kenntnis zu setzen, und wenn er selbst oder der Oberarzt sich davon überzeugt hat, daß die Operation erforderlich ist und ihre Ausführung durch den Assistenzarzt im Hinblick auf dessen Fachkunde verantwortet werden kann.

Für den Fall, daß ausnahmsweise die vorherige Verständigung des Chef- oder Oberarztes nicht möglich ist, weil diese selbst einer ärztlichen Tätigkeit nachgehen und diese nicht unterbrechen können, andererseits bei dem von dem Assistenzarzt untersuchten Patienten ein sofortiger Eingriff erforderlich ist, muß eine Anweisung des Chefarztes des Inhalts verlangt werden, ihn oder den Oberarzt alsbald von den seitens des Assistenzarztes getroffenen Maßnahmen zu unterrichten. Der Bekl. oder der Oberarzt müssen sich dann persönlich davon unterrichten, ob die von dem Assistenzarzt angewandten Maßnahmen sachgemäß durchgeführt worden sind oder ob etwa der Zustand des Patienten Anlaß zu Bedenken gibt. Ergeben die von dem Berufungsgericht in dieser Richtung noch zu treffenden Feststellungen, daß es an einer solchen Anweisung fehlte oder daß es der Bekl. im vorliegenden Fall trotz Kenntnis von dem Neuzugang und der Operation etwa versäumt hatte, unverzüglich nach Beendigung seiner eigenen Inanspruchnahme sich selbst um den Frischoperierten zu kümmern, zumindest aber dem Oberarzt eine spezielle Anweisung zu geben, so würde ein nach § 823 Abs. 1 BGB zu beurteilendes Organisationsverschulden des Bekl. angenommen werden können.

BGH, Urt. v. 24. 11. 1970 — VI ZR 215/68 — VersR 1971, 251 ff. (253/254)

5. Haftung für technische Mängel

Die Meinung nämlich, die Zweitbeklagte habe auf jeden Fall die Pflicht gehabt, den einwandfreien Zustand des Tubus *selbst* zu prüfen, hat auf Grund der bisherigen Feststellungen keinen Bestand. Das Berufungsgericht hat nicht etwa eine allgemeine ärztliche Übung festgestellt, nach der diese Prüfung von einem Arzt vorzunehmen wäre, der also die Gepflogenheiten im Krankenhaus der Drittbeklagten widersprochen hätten. Für den regelmäßig nicht sachkundigen Richter ist jedoch bei der eigenen Aufstellung solcher besonderer Sorgfaltsgebote, denen keine tatsächliche ärztliche Übung entspricht, grundsätzlich Zurückhaltung geboten.

Auf sachverständige Beratung kann sich indessen das Berufungsgericht insoweit nicht stützen. Es vermag auch keine Gründe dafür anzuführen, daß sich eine etwa entgegenstehen-

Anhang 109

de ärztliche Übung als Mißbrauch darstellen müßte. Die vom Berufungsgericht angeführte Tatsache, daß eine unterlassene oder ungenaue Prüfung des Tubus schwere Folgen zeitigen kann, ergibt in dieser Hinsicht nichts. Die Verwendung nichtärztlicher Hilfspersonen ist aus der modernen Medizin und insbesondere aus dem heutigen Klinikwesen nicht wegzudenken. Es ist auch unvermeidlich, daß diesen Hilfspersonen im Einzelfall ein hohes Maß von Verantwortung zufällt — so im gesamten Bereich der Aseptik, bei hochentwickelten technischen Geräten, deren Funktion verläßlich oft nur von einem Techniker zu kontrollieren ist, oder bei der Bereitstellung von Medikamenten und anderen Chemikalien. In all diesen Bereichen ist dem Arzt ein persönliches Tätigwerden im Einzelfall teils aus Gründen der wirtschaftlichen Arbeitsteilung nicht zumutbar, teils auch wegen der Grenzen seiner fachlichen Kenntnisse gar nicht möglich. Damit kann sich eine Pflicht des Arztes, solche Tätigkeiten im Einzelfall persönlich auszuüben, nicht schon aus der Schwere der Gefahren ergeben, die eine unsachgemäße Ausführung mit sich bringen kann. Ein persönliches Eingreifen des Arztes ist vielmehr grundsätzlich nur zu fordern, wo die betreffende Tätigkeit gerade dem Arzte eigene Kenntnisse und Kunstfertigkeiten voraussetzt. Daß dies hier der Fall gewesen wäre, ist nicht zu erkennen. Denn es handelte sich darum, die rein mechanische Funktionsfähigkeit eines verhältnismäßig einfachen Geräts zu prüfen.

BGH, Urt. v. 24. 6. 1975 — VI ZR 72/74 — NJW 1975, 2245 ff. (2246)

Aus diesem Vertrag (Krankenhausaufnahmevertrag) ergab sich für den Krankenhausträger u. a. die Pflicht, für die Operation ein funktionsfähiges Narkosegerät zur Verfügung zu stellen. Diese Pflicht wurde objektiv verletzt, und das hat zu dem geltend gemachten Schaden geführt. Jedenfalls in solchen Fällen bestehen in der Regel keine Bedenken, die Beweislastgrundsätze des § 282 BGB auch auf eine sogenannte positive Vertragsverletzung anzuwenden.
Dem steht nicht entgegen, daß im Rahmen des ärztlichen Behandlungsvertrags für die Anwendung des § 282 BGB nur beschränkt Raum ist. Der Arzt kann regelmäßig nur kunstgerechtes Bemühen, nicht aber den Heilerfolg (häufig nicht einmal eine objektiv zutreffende Diagnose) zusagen. Dieser Grundsatz kann jedoch auf die Erfüllung voll beherrschbarer Nebenpflichten, insbesondere die Gewährleistung technischer Voraussetzungen für eine sachgemäße und gefahrlose Behandlung, keine Anwendung finden. Das bekl. Land wird also zu beweisen haben, daß der ordnungswidrige Zustand des verwendeten Geräts nicht von einem seiner Erfüllungsgehilfen (§ 278 BGB) verschuldet ist. Das wird das BerGer. bei der anderweitigen Verhandlung und Entscheidung zu beachten haben; denn jedenfalls in Einzelpunkten, so zu der Frage, ob es zu der Abklemmung nicht erst durch einen Anstoß im Operationssaal, sondern bereits auf dem Flur, gekommen ist, hat es bisher einen das bekl. Land entlastenden Verlauf nicht *positiv* festgestellt.
Hinsichtlich der deliktischen Haftung des Bekl. lassen die Ausführungen des Berufungsurteils verschiedentlich Zweifel daran offen, ob es sich der sehr gesteigerten Sorgfaltspflichten bewußt gewesen ist, die gerade bei der in vieler Hinsicht gefahrvollen Intubationsnarkose die gänzliche Abhängigkeit vitaler Funktionen von dem technischen Gerät mit sich bringt...
Aber selbst wenn man davon ausgeht, daß das gefährliche Abstellen des Geräts auf dem vielfach mit „Gondeln" u. a. befahrenen Flur in Kauf genommen werden konnte, dann ergab sich daraus hinsichtlich der äußerlichen Prüfung des Geräts vor seiner endgültigen Ingebrauchnahme eine sehr erhöhte Sorgfaltspflicht, der das BerGer. nicht erkennbar

Rechnung trägt. Daß die Gefahr der Beschädigung durch das unbewachte Abstellen auf dem Flur erheblich erhöht war, läßt sich nicht mit dem Hinweis des Berufungsurteils abtun, die Beschädigung eines Narkosegeräts lasse sich im Klinikbetrieb ohnehin nie vermeiden. Denn das ändert nichts an der selbstverständlichen Pflicht, die hier ersichtlich erhöhte Wahrscheinlichkeit der Beschädigung durch tunlichstes Ausschalten aller erkennbar werdenden Gefahrquellen zu mindern. Wo das im Einzelfall nicht gelingt, gilt es die Gefahrerhöhung durch vermehrte Kontrollen auszugleichen.

BGH, Urt. v. 11. 10. 1977 — VI ZR 110/75 — NJW 1978, 584ff. (585)

6. Verantwortung bei Arbeitsteilung

Die Strafkammer geht bie ihren Überlegungen ersichtlich davon aus, daß bei der ärztlichen Zusammenarbeit im Operationssaal der Vertrauensgrundsatz zur Anwendung kommt. Dieser Grundsatz besagt, daß im Interesse eines geordneten Ablaufs der Operation sich die dabei beteiligten Fachärzte grundsätzlich auf die fehlerfreie Mitwirkung des Kollegen aus der anderen Fachrichtung verlassen können.

Grundsätzlich obliegt der Angeklagten als Anästhesistin nach ihrem Dienstvertrag, aber auch nach ihrem Berufsbild die präoperative Versorgung der Patientin. Sie bestimmt das Narkoseverfahren und trifft danach ihre Vorbereitungen, zu denen auch gehört, sich von der Nüchternheit des Patienten zu überzeugen und bei nicht gegebener Nahrungskarenz von sechs bis acht Stunden die naheliegende Gefahr einer Aspiration zu vermeiden. Der Chirurg entscheidet dagegen nach eingehender Untersuchung im Einverständnis mit dem Patienten, der sich vorrangig zur Operation und nicht zur Narkose in die Klinik begibt, ob, wo und wann der Eingriff durchgeführt werden soll. Der Chirurg wägt das Operationsrisiko ab und kalkuliert zumindest auch das allgemeine Risiko einer Narkose mit ein.

Der Anästhesist kann dabei darauf vertrauen, daß der Operateur die eigene Tätigkeit sachgemäß mit der des Narkosearztes koordiniert, insbesondere die richtige Diagnose stellt, auf der das Narkoseverfahren aufbaut, und den Narkosearzt rechtzeitig und vollständig über die Anforderungen unterrichtet, welche die beabsichtigte Narkose stellen wird. Dazu gehörte vorliegend auch der Hinweis an die Angeklagte, daß keine Darmgeräusche vorhanden sind, was auf eine Darmlähmung hindeutete und eine andere Narkoseeinleitung erfordert hätte. Ob die Chirurgen ihre Pflichten dadurch verletzt haben, daß sie — infolge mangelhafter Diagnose — diesen Hinweis nicht gaben, braucht hier nicht entschieden zu werden; die Angeklagte hat jedenfalls nicht hierfür einzustehen.

Entgegen der Auffassung des Nebenklägers war die Angeklagte nicht verpflichtet, das Untersuchungsergebnis der Chirurgen zu überprüfen, insbesondere von sich aus nochmals nach Darmgeräuschen zu horchen. Zum einen hätte diese Untersuchung bei der als eilbedürftig qualifizierten Operation vermehrte Gefahren für den Patienten mit sich gebracht. Zum anderen würde damit jede Form der Zusammenarbeit im Operationssaal fragwürdig und mit zusätzlichen Risiken für den Patienten verbunden, wenn Operateur und Anästhesist ihre Kräfte zugunsten einer wechselseitigen Überwachung zersplittern.

Etwas anderes könnte nur dann gelten, wenn besondere Umstände der Angeklagten den Schluß hätten nahelegen müssen, daß die chirurgische Diagnose nicht richtig sei. Das wäre zunächst der Fall, wenn die Angeklagte Zweifel an der fachlichen Qualifikation des die Diagnose stellenden Arztes hätte haben müssen. Das Urteil läßt sich dazu nicht aus. Eines Eingehens auf diese Frage bedurfte es auch nicht, weil außer dem irakischen Assistenzarzt auch der operierende Fachchirurg lediglich eine Blinddarmentzündung und keine Darmlähmung diagnostizierte, und die Angeklagte auf Grund der von ihr selbst erfragten Symptome zu derselben Diagnose kam.

BGH, Urt. v. 2. 10. 1979 — 1 StR 440/79 — NJW 1980, 649

7. Haftung wegen Verletzung der Aufklärungspflicht

7.1 Rechtzeitigkeit der Aufklärung

Soll die Aufklärung ihren Zweck erfüllen, die Entscheidungsfreiheit des Patienten zu gewährleisten, dann muß sie rechtzeitig erfolgen, also zu einem Zeitpunkt, wo der Patient noch im vollen Besitz seiner Erkenntnis- und Entscheidungsfähigkeit ist und ihm bis zu dem beabsichtigten Eingriff eine gewisse Überlegungsfrist bleibt. Im vorliegenden Fall wurde die Kl. erst unmittelbar vor dem Eingriff aufgeklärt, zu einem Zeitpunkt, als die Vorbereitungshandlungen bereits weitgehend abgeschlossen waren. Es wird kaum einen Patienten geben, der in einer solchen Situation noch fähig wäre, die für und wider den Eingriff sprechenden Gesichtspunkte richtig zu würdigen und in Ruhe abzuwägen, und der außerdem couragiert genug wäre, sich sozusagen in letzter Sekunde gegen die vom Arzt bereits eingeleitete Maßnahme zu stellen. Im vorliegenden Fall kommt hinzu, daß es sich nicht etwa um eine Notmaßnahme, sondern um einen diagnostischen Eingriff handelte, der, auch wenn er der Abklärung eines möglicherweise vorhandenen Gehirntumors diente, die Einräumung einer gewissen Überlegungsfrist für die Kl. geduldet hätte. Gerade bei lediglich diagnostischen Eingriffen sind an die Aufklärung besonders strenge Anforderungen zu stellen. Die Einwilligung der Kl. in die Carotis-Angiografie wäre allerdings trotz der unzeitigen Aufklärung durch den Bekl. zu 2 wirksam, wenn sie, wie die Bekl. behaupten, bereits von ihrem Hausarzt über die möglichen nachteiligen Folgen dieses Eingriffs hinreichend informiert worden wäre, bevor sie das Hospital aufsuchte.

OLG Stuttgart, Urt. v. 7. 12. 1977 — 1 U 46/77 — NJW 1979, 2356f. (2357)

7.2 Umfang der Aufklärungsfrist

Der Grad der erforderlichen (ärztlichen) Aufklärung über mögliche unerwünschte Folgen (hier einer Ohrenoperation) hat sich nicht zuletzt nach Intelligenz und Bildungsgrad des Patienten sowie vor allem nach dessen Erfahrungen aus der Kranken-Vorgeschichte zu richten (BGH, VersR 1961, 1036, 1038; 1973, 244, 246 = MDR 1973, 304 Nr. 23; Bockelmann, Strafrecht des Arztes, S. 59). Hier war dem Bekl. (Arzt) bekannt, daß sich der Kl. seit vielen Jahren mit der Behebung bzw. Linderung seiner Gehörstörung befaßt und dabei zahlreiche Fachärzte, darunter zwei international bekannte Kapazitäten, konsultiert, sich auch schon einmal einer auf Gehörverbesserung zielenden Operation unterzogen hatte. Schließlich hatte er sich den Entschluß zu der streitgegenständlichen Operation fast ein Jahr lang überlegt und hatte während dieser Zeit ebenfalls mit einem HNO-Facharzt in Verbindung gestanden, der ihn überhaupt erst mit dem Bekl. bekanntgemacht hatte. Bei alledem bot er als graduierter Architekt mit vielseitigen Interessen das Bild einer informierten und aktiven Persönlichkeit, die gerade auch den sein Gehör betreffenden Fragen viel Aufmerksamkeit und Aktivität zuwandte. Das Wissen um all diese Umstände befreite den Bekl. zwar nicht überhaupt von einer Aufklärung über die Risiken der Operation, sofern er nicht die Gewißheit hatte, daß der Kl. schon von anderer Seite hinreichend aufgeklärt worden war. Wohl aber konnten diese Umstände auf Art und Intensität der unumgänglichen Aufklärung nicht ohne Einfluß bleiben, nicht zuletzt deshalb, weil dem Kl. im Gegensatz zu einem geistig einfachen und der Materie ganz fremd gegenüberstehenden Patienten gegebenenfalls auch zuzumuten war, durch Fragen selbst auf eine Vervollständigung der Belehrung hinzuwirken, falls sie ihm zu knapp und unvollständig erschien. Es entspricht grundsätzlich nicht der Billigkeit, wenn ein geistig reger und mit der allgemeinen Natur und Schwere des Eingriffs vertrauter Patient nachträglich die Folgen seines Entschlusses auf den Arzt abladen will, obwohl ihm die eingetretene Komplikation jedenfalls ihrer allgemeinen Natur nach nicht unvermutet erscheinen konnte. Dies muß schon in der Begrenzung der dem Arzt aufzuerlegenden Pflicht zur Aufklärung seinen Ausdruck finden.

BGH, Urt. v. 4. 11. 1975 — VI ZR 226/73 — MDR 1978, 304

Die Gründe, die die von der Rechtsprechung im Rahmen zulässiger Gesetzesauslegung und im Vorgriff auf erwartete gesetzgeberische Initiativen geübte behutsame Einschränkung der zivilrechtlichen ärztlichen Haftung wegen Verletzung der Aufklärungspflicht rechtfertigen, sind vielschichtig: Das Verhältnis zwischen Arzt und Patient ist, so *Eberhard Schmidt* (Der Arzt im StrafR, in: *Ponsold*, Lehrb. d. gerichtlichen Medizin, 2. Aufl. [1957], S. 2), weit mehr als eine juristische Vertragsbeziehung. „Die Standesethik steht nicht isoliert neben dem Recht. Sie wirkt allenthalben und ständig in die rechtlichen Beziehungen des Arztes zum Patienten hinein. Was die Standesethik vom Arzte fordert, übernimmt das Recht weithin zugleich als rechtliche Pflicht. Weit mehr als sonst in den sozialen Beziehungen des Menschen fließt im ärztlichen Berufsbereich das Ethische mit dem Rechtlichen zusammen." Dies gilt heute ebenso wie ehedem. Die Beachtung des Selbstbestimmungsrechts des Patienten ist wesentlicher Teil des ärztlichen Aufgabenbereichs. Ohne sie ist das Gebot der Bundesärzteordnung (§ 1 I): „Der Arzt dient der Gesundheit des einzelnen Menschen und des gesamten Volkes" nicht zu erfüllen (Neufassung v. 14. 10. 1977 — BGBl I, 1885). Andererseits läßt sich in diesem Bereich sozialer Einbindung in den für das Gemeinwohl unabdingbaren Berufsauftrag des Arztes diesem nicht die ganze Last des Arzt-Patientenverhältnisses auferlegen. Es bedarf der Mitwirkung des Patienten — nicht nur der in passiver Haltung erteilten bloßen Einwilligung in ärztlicherseits gebotene Behandlungsvorschläge. Verlangt werden muß, soweit möglich, der auch von seiten des Patienten mitverantwortlich geführte Dialog, soll nicht im Blick auf die Folgen beruflicher Haftung die als besonders gefahrgeneigt angelegte Tätigkeit des Arztes in eine defensive Rolle gedrängt werden, die dem Sozialauftrag der Medizin nicht mehr gerecht werden kann. Unter diesem Blickwinkel ist der Versuch der Rechtsprechung, für den Bereich des Haftungsrechts den Unsicherheiten ärztlicher Diagnose und Handelns vom Einzelfall her Rechnung zu tragen und die an sich äußerst komplexe standesethische Berufspflicht zur Aufklärung, soweit möglich, unter normativen Gesichtspunkten in Einbeziehung der Mitverantwortlichkeit des Patienten für die Durchsetzung seines Selbstbestimmungsrechts einzugrenzen, von Verfassungs wegen nicht zu beanstanden.

BVerfG, Beschl. v. 25. 7. 1979 — 2 BuR 878/74 — NJW 1979, 1925 ff. (1930)

Es ist zwar an dem Grundsatz festzuhalten, daß der Patient unter Umständen auch über extrem seltene Risiken eines Eingriffs aufzuklären ist. Das bedeutet aber nicht etwa, wie dies vielfach, vor allem in Arztkreisen, mißverstanden worden ist, daß bei einem dem Patienten seinem Wesen nach bekannten und damit als nicht unerheblich und nicht risikofrei erkennbaren Eingriff im einzelnen alle Formen aufgezählt werden müßten, in denen sich dieses hinsichtlich seines allgemeinen Stellenwerts ersichtliche Risiko verwirklichen kann. Vielmehr sind Einzelhinweise gegenüber einem Patienten, dem das allgemeine Risiko nicht verborgen ist, nur erforderlich, soweit sich Komplikationen in eine Richtung entwickeln können, die für ihn als Laien überraschend sein muß, und auch da, wo sie zu Ausfällen führen können, die in dessen besonderen Lebensverhältnissen erkennbar besonders schwerwiegend wären. Daneben steht es dem Patienten frei, spezielle Fragen zu stellen, die der Arzt jedoch nie unrichtig oder irreführend beantworten darf, allerdings muß der Arzt bei der Bemessung der ungefragt zu erteilenden Aufklärung auch in Rechnung stellen, daß eine situationsbedingte Befangenheit Patienten mitunter auch davon abhält, Umstände zu erfragen, die für sie ersichtlich von Interesse sein können.

Diese Grundsätze verdienen bei der sogenannten Blinddarmoperation (Appendektomie), um die es hier geht, besondere Beachtung. Es handelt sich dabei um einen Eingriff, welcher sowohl nach seinem Verlauf als auch hinsichtlich seines Schweregrades wegen seiner Häufigkeit der Allgemeinheit in besonderem Maß vertraut ist. Deshalb kann sich der Arzt bei der Aufklärung über Natur und Risiko dieses Eingriffs im allgemeinen kurz fassen. Es wird in der Regel genügen, wenn er sich davon überzeugt, daß der Patient nicht irrig davon ausgeht, daß dieser Eingriff wegen seiner Alltäglichkeit ganz ungefährlich sei. Das hat der Bekl. aber getan mit seinem vom BerGer. offensichtlich nicht in Frage gezogenen Hinweis, eine Operation sei eben eine Operation usw.

Daß bei alledem die allgemeine Erkenntnisfähigkeit, insbesondere der Bildungsstand des Patienten, eine entscheidende Rolle spielen für die Bemessung der Anforderungen, die billigerweise an die Pflicht des Arztes zu spontanen Belehrungen gestellt werden dürfen, hat der *Senat* ebenfalls schon früher betont.

BGH, Urt. v. 23. 10. 1979 — VI ZR 197/78 — NJW 1980, 633 ff. (634, 635)

Die Verletzung des Nervus facialis bei einer Mittelohroperation ist ein zwar recht seltener, aber immerhin gerade für diese Operation typischer Zwischenfall, dessen Kenntnis bei einem Laien nicht (anders als z. B. die Kenntnis von der Gefahr eines Narkosezwischenfalls) vorausgesetzt werden kann. Über solche typische, dem Patienten nicht erkennbare Risiken ist dieser grundsätzlich auch dann aufzuklären, wenn sie sehr selten sind; dies vor allem dann, wenn ihre Folgen bei Verwirklichung des Risikos schwerwiegend sind. Das ist bei einer Verletzung des Nervus facialis der Fall, die häufig nicht reversibel ist, daher zu erheblichen Entstellungen des Gesichtes führen kann.

BGH Urt. v. 22. 4. 1980 — VI ZR 37/79 — NJW 1980, 1905 ff. (1907)

Im übrigen erscheint schon der Ausgangspunkt des BerGer. bedenklich, wenn es meint, daß angesichts der seltenen Verwirklichung des Risikos und der Wichtigkeit des Eingriffs von einem verständigen Patienten eine Entscheidung gegen die Operation nicht habe gewärtigt werden müssen. Das läßt nicht sicher erkennen, ob das BerGer. sich bewußt gewesen ist, daß die unbedingt zu wahrende Entscheidungsfreiheit des Patienten auch das Recht zu einer Entscheidung umfaßt, die aus der Sicht des Arztes unvernünftig scheint. Das bedeutet, wie der *Senat* erst unlängst ausgesprochen hat, zunächst, daß die objektive Gebotenheit des Eingriffs nicht etwa schon die Feststellung erlaubt, der Patient würde sich auch bei ordnungsmäßiger Aufklärung zur Einwilligung entschlossen haben; denn damit würde die Entscheidungsfreiheit des Patienten unterlaufen. Sie würde aber auch dann unterlaufen, wenn man bei der Prüfung der Frage, ob der Arzt mit einem Aufklärungswunsch überhaupt rechnen mußte, allzusehr auf eine vom Arzt selbst objektiv für richtig gehaltene Abwägung abstellen wollte, wie dies das BerGer. hier tun will. Denn dies würde im Ergebnis doch wieder dem Arzt erlauben, seine Ansicht an die Stelle der des Patienten zu setzen. Jedenfalls kann dem BerGer. im Sinne der entscheidenden Frage, ob der Bekl. mit der Ablehnung des Eingriffs durch den Kl. aus Furcht vor dem später verwirklichten Risiko vernünftigerweise hier gar nicht habe rechnen müssen, nicht gefolgt werden. Der Eingriff stand nicht etwa unter Zeitdruck; auch war er nach eigener Einräumung des Bekl. nicht absolut unerläßlich. Auf der anderen Seite war der drohende Hodenverlust (worauf die Atrophie im Falle des Kl. hinauslief) eine sehr schwerwiegende Folge. Das gilt entgegen der Meinung des Sachverständigen, dem das BerGer. darin wohl folgen will, schon für den Verlust eines einzigen Hodens. Auch über diese Gefahr muß zweifelsfrei aufgeklärt werden, wenn sie nicht statistisch ganz unerheblich ist, und zwar schon deshalb, weil der Verlust *eines* von paarigen Organen den Verlust auch des anderen zu einer ständigen schweren Bedrohung macht.

BGH, Urt. v. 24. 6. 1980 — VI ZR 7/79 — NJW 1980, 2751 ff. (2752/2753)

7.3 Aufklärung über Außenseitermethode

Zwar wird mehrfach mit Recht darauf hingewiesen, daß der Vorwurf versäumter Aufklärung über das Risiko eines Eingriffs oft von Patienten mißbräuchlich dann erhoben wird, wenn er nach einem Mißerfolg den Nachweis eines ärztlichen Behandlungsfehlers nicht hat führen können. Von einem Mißbrauch dieses Klagegrundes kann aber dann nicht gesprochen werden, wenn der Eingriff zu seiner Rechtfertigung schon objektiv der Zustimmung des Patienten bedarf, weil er mit seiner Entscheidung für eine nicht unangefochtene ärztliche Lehrmeinung verbunden ist. In solchen Fällen besteht zwischen dem Vorwurf eines Behandlungsfehlers und demjenigen versäumter Aufklärung eine echte Wechselbeziehung, weil der Arzt dem Patienten einerseits die Entscheidung für oder gegen eine ernstlich umstrittene Behandlungsmethode nicht vorenthalten darf, andererseits aber durch dessen Zustimmung, wenn sie auf genügender Aufklärung beruht, in der Regel auch dann gerechtfertigt wird, wenn sich die Behandlung aus späterer Sicht als schon im Ansatz verfehlt verweist, zunächst aber immerhin als vertretbar angesehen werden konnte.
Im vorliegenden Falle hatten seit Jahrzehnten gewichtige Literaturstimmen, die dem Bekl. bekannt sein mußten, die Anwendung der Fadenmethode bei außerhalb des Schließmuskels verlaufenden Gefäßfisteln als gefährlichen Irrweg entlarvt. Selbst wenn also der verfehlte Eingriff damals noch überwiegend geübt worden sein sollte — wie das BerGer. schon

angesichts der unstreitigen Seltenheit solcher Fisteln in kaum überzeugender Weise annimmt —, dann hätte sich der Bekl. über diese gewichtige Wahrnehmung allenfalls hinwegsetzen dürfen, wenn er den Kl. an dieser Entscheidung beteiligt und die Gründe für sein Festhalten an der hergebrachten Methode erläutert hätte; letzteres wäre allerdings deshalb schwierig gewesen, weil es nach den Feststellungen des BerGer. verläßliche empirische Belege für die Tauglichkeit der Fadenmethode auch bei Pelvirektalfisteln gar nicht geben konnte. Die Forderung nach solcher Aufklärung ergibt sich hier aus den von der höchstrichterlichen Rechtsprechung ständig betonten Grundsätzen, die zur Sicherung der Selbstbestimmung des Patienten unabdingbar sind. Sie führt keineswegs dazu, daß der Patient immer in ärztliche Meinungsstreitigkeiten verwickelt werden müßte. Im Streitfall handelt es sich nicht um relative Vorzüge und Nachteile der einen oder anderen Methode. Und die Stimmen, die bereits auf die *gänzliche* Verfehltheit der vom Bekl. angewandten Methode hingewiesen hatten, stellten sich schon damals jedenfalls nicht als unbeachtliche Außenseitermeinungen dar. Soweit das BerGer. dies annehmen sollte, findet es in den gutachtlichen Beurkundungen keine Stütze; die Bedenken waren vielmehr u. a. von einem in Deutschland besonders angesehenen Proktologen erhoben worden.

Verfehlt ist schließlich die Erwägung des BerGer., daß der Bekl. gerade „als Anhänger der Fadenmethode" keinen Anlaß gehabt habe, auf die Gefahr der Inkontinenz hinzuweisen... Andernfalls würde der Grundsatz, daß ernstliche Bedenken gegen die gewählte Behandlungsart eine besondere Aufklärungspflicht begründen können, in sein Gegenteil verkehrt. Denn der Arzt wird die umstrittene Methode in der Regel eben deshalb wählen, weil er persönlich sie für richtig hält. Das aber kann ihn von seiner Verantwortung gegenüber dem Patienten nicht entlasten.

BGH, Urt. v. 27. 9. 1977 — VI ZR 162/78 — NJW 1978, 587 ff. (588/589)

7.4 Aufklärung über unvorhergesehenes Operationsrisiko

Das BerGer. geht zutreffend davon aus, daß eine Aufklärung des Kl. über das erhöhte Operationsrisiko, das der Bekl. nach Öffnung des Mittelohres erkannte, erforderlich war, bevor er den Eingriff fortsetzte; denn zu diesem, über den mit dem Kl. besprochenen Umfang hinausgehenden Eingriff lag keine wirksame Einwilligung von ihm vor.

Dabei hält sich das BerGer. an die Anforderungen, die die Rechtsprechung des BGH an die Aufklärung des Patienten über den beabsichtigten Eingriff stellt. Danach muß der Arzt seinen Patienten, wenn auch nur „im großen und ganzen", auch über die möglichen Operationsrisiken aufklären; dabei steht nicht das Zahlenverhältnis zwischen Komplikationsdichte und der ärztlichen Hinweispflicht im Vordergrund, sondern das Gewicht, das mögliche, nicht ganz außerhalb der Wahrscheinlichkeit liegende Risiken für den Entschluß des Patienten haben können, seine Einwilligung in die Operation zu erteilen. Auch bei geringer Wahrscheinlichkeit schädlicher Folgen des Eingriffes („entfernt selten") kommt eine Aufklärung über diese Folgen um so eher in Betracht, je weniger der mit dem Eingriff bezweckte Erfolg einem verständigen Patienten dringlich und geboten erscheinen muß (vgl. für den Fall einer bloß kosmetischen Operation — Behandlung von Warzen — *Senat*, NJW 1972, 335).

Im vorliegenden Fall hat das BerGer. sachverständig beraten festgestellt, daß in den seltenen Fällen, in denen nach Eröffnung des Mittelohres eine angeborene Mißbildung entdeckt wird, bei etwa 10 % der Fälle auch mit einem atypischen Verlauf des Nervus facialis durch das Mittelohr gerechnet werden muß. Der Bekl. war nun, als er die derbe, mit dem Amboß verwachsene Bindegewebsplatte im Mittelohr entdeckte, unter Berücksichtigung dessen vor eine ungewöhnliche Situation gestellt: Selbst wenn er, was das BerGer. zu seinen Gunsten unterstellt, den knöchernen Kanal gesehen hatte, in dem gewöhnlich der Nervus facialis zu verlaufen pflegt, den Nerv also — was unabdingbar war — „identifiziert" hatte, war eine Entfernung der Bindegewebsplatte erkennbar risikobehaftet. Der Bekl. brauchte nunmehr allerdings nicht, wie die Revision mit Recht bemerkt, mit der vom BerGer. insoweit dem Sachverständigen folgend, zugrundegelegten statistischen Wahrscheinlichkeit (10 % der Mißbildungsfälle) damit zu rechnen, daß der Nervus facialis, dessen knöcherner Kanal vorhanden und sichtbar war, außerhalb dieses Kanals verlief. Ihm wird auch nicht vorgeworfen werden können, er habe die ungewöhnliche Abzweigung eines Nervenastes durch die Bindegewebsplatte bemerken müssen; wäre das der Fall, so hätte er mit dem Entfernen der Platte und der damit verbundenen Durchtrennung des Nervenastes sogar einen Kunstfehler begangen. Vielmehr geht es darum, daß der Bekl. auf Grund des ungewöhnlichen Befundes mit seinem Entschluß, die Bindegewebsplatte zu entfernen und weiterzuoperieren, ein ihm unbekanntes und nicht kalkulierbares Risiko eingegangen ist. Er mußte jetzt auch die recht seltene, gewiß weniger als 10 % betragene Möglichkeit eines für ihn zunächst nicht oder nicht vollständig erkennbaren atypischen Verlauf des Nervs ernsthaft in Betracht ziehen, so daß er ihn unter den gegebenen Umständen selbst bei seiner verfeinerten Operationstechnik (Mikroskop usw.) verletzen konnte. Das ist im Kern auch die Meinung des vom BerGer. gehörten Sachverständigen, der es gefolgt ist und die von der Revision in diesem Punkt nicht bekämpft wird.

Zu Recht hat deshalb das BerGer. eine Abwägung des im Verwirklichungsfalle in seinen Folgen schwerwiegenden Risikos einer Verletzung des Nervus facialis mit der vitalen medizinischen Indikation des Eingriffs für erforderlich gehalten. Dabei stellt es zutreffend darauf ab, ob die Beseitigung oder Minderung der rechtsseitigen Schwerhörigkeit für den Kl. angesichts der erhöhten Operationsgefahren noch ebenso wichtig war wie vor Beginn der Operation. Es stand nunmehr nämlich fest, daß ein Übergreifen des Leidens auf das linke Ohr nicht zu befürchten war. Der Kl. hatte die Beibehaltung einer für ihn lästigen, ihn aber nicht entscheidend beeinträchtigenden Schwerhörigkeit auf dem rechten Ohr der — gewiß nicht hoch zu veranschlagenden — Gefahr einer einseitigen Gesichtslähmung mit all ihren einschneidenden physischen und psychischen Folgen gegenüberzustellen. Die Entscheidung darüber aber mußte der Bekl. dem Kl. überlassen; es kann nicht gesagt werden, daß dieser völlig unverständig gehandelt hätte, wenn er nunmehr vor dem ihm klargemachten Risiko zurückgeschreckt wäre.

Das BerGer. hat durchaus bedacht, welche Belastungen u. U. für den Patienten durch eine Unterbrechung oder einen Abbruch der Operation entstehen können, die aus der Sicht des Arztes sinnvollerweise fortgesetzt werden könnte. Es hat darin Recht, daß der Arzt, der während der Operation auf ein erhöhtes Operationsrisiko stößt, den Eingriff abbrechen muß, wenn er für seine Fortsetzung nunmehr mangels Aufklärung darüber keine wirksame Einwilligung des Patienten hat und die Operation ohne dessen Gefährdung unterbrochen oder abgebrochen werden kann, um die Einwilligung einzuholen. Allerdings mag es Fälle geben, in denen der Arzt die Einwilligung des Patienten voraussetzen kann, weil von ihm in Einzelfall vernünftigerweise unter Berücksichtigung der Belastungen, die ein wiederholter Eingriff für ihn bringen konnte, selbst bei Kenntnis des erhöhten Risikos keine andere Entscheidung erwartet werden kann, als die, daß er die Fortsetzung der Operation wünschen werde. Ein Abbruch der Operation wird deshalb dann nicht in Betracht kommen, wenn dies den Patienten mindestens ebenso gefährden würde, wie das Risiko, das in der Fortsetzung des Eingriffs liegt, wenn also der Abbruch der Operation medizinisch kontraindiziert ist. Im vorliegenden Fall kann indessen ein solcher Ausnahmefall nicht angenommen werden. Vielmehr hätte die Operation ohne schwerwiegende Folgen für den Kl. abgebrochen werden können. Es bestand kein Grund, seiner Entscheidung vorzugreifen, ob er das, wenn auch nur geringfügig erhöhte Operationsrisiko eingehen wollte.

BGH, Urt. v. 2. 11. 1976 — VI ZR 134/75 — NJW 1977, 337ff. (337/338)

7.5 Aufklärungsanforderung bei Minderjährigen und kosmetischen Eingriffen

Es ist in der höchstrichterlichen Rechtsprechung seit langem anerkannt, daß ein Eingriff in die körperliche Unversehrtheit auch dann eine Körperverletzung darstellt, wenn er durch einen Arzt in heilender Absicht erfolgt und objektiv als Heilmaßnahme allgemein geeignet ist. Er kann daher im Regelfall nur durch eine wirksame Einwilligung des Patienten gerechtfertigt werden. Die Bedenken des Berufungsgerichts geben keinen Anlaß, von diesem Grundsatz abzugehen, den auch der *BGH* ständig aus wohlerwogenen Gründen gegenüber den Angriffen eines Teils des Schrifttums aufrechterhalten hat. Sachverständig beraten geht das Berufungsgericht zutreffend davon aus, daß die Anwendung von Röntgenstrahlen jedenfalls im damaligen Zeitpunkt eine anerkannte Behandlungsmethode für gemeine Warzen war. Es erkennt aber auch, daß die Anwendung von Röntgenstrahlen in therapeutisch wirksamer Dosis einen Eingriff in die körperliche Unversehrtheit bedeutet.
Damit kommt es für die Rechtfertigung des Eingriffs einschließlich solcher Folgen, mit denen ohne weiteres gerechnet werden mußte, auf das Vorliegen einer wirksamen Einwilligung an. Das Berufungsgericht glaubt zu Unrecht eine solche annehmen zu können.
Schon eine angemessene Aufklärung über das Wesen des Eingriffs hat der Beklagte nach den Feststellungen des Berufungsgerichts nicht gegeben. Dem angefochtenen Urteil ist insoweit nur zu entnehmen, daß die 16jährige Klägerin nicht gegen ihren Willen behandelt worden ist. Es ist aber nicht ersichtlich, daß ihr das Wesen des Eingriffs wenigstens im großen und ganzen erläutert worden ist. Darauf kann zwar verzichtet werden, wenn schon die landläufige Bezeichnung des Eingriffs auch den Laien hinreichend ins Bild setzt. Bezüglich der Wirkungsweise eines Eingriffs durch Anwendung von Röntgenstrahlen kann aber ein solches Wissen vor allem bei einem jungen Mädchen ohne wissenschaftliche Ausbildung nicht erwartet werden. Dies gilt um so mehr, als der gängige Begriff der „Bestrahlung" von und gegenüber medizinischen Laien auch für ungleich harmlosere Anwendungen (z. B. Ultraviolett- und Infrarotbestrahlungen) ohne Unterscheidung verwendet zu werden pflegt. Der Beklagte hätte also sicherstellen müssen, daß die Klägerin wenigstens den Eingriff als einen gleich einem chirurgischen gewebezerstörenden erkannte und auch wußte, daß dadurch bleibende Narben gesetzt würden, deren Größe und Empfindlichkeit durch die Wahl einer (nach Ansicht aller Gutachter unnütz) weiten Feldgröße — die wenigstens einmal erfolgte —, gesteigert wurde.
Das Berufungsgericht hält zu Unrecht eine wenigstens allgemeine Aufklärung über die gerade bei einem Röntgeneingriff typischen *Gefahren* für entbehrlich. Es gibt insoweit die

von der Rechtsprechung des *BGH* aufgestellten Grundsätze zwar wieder, wird ihnen aber im Ergebnis nicht gerecht. Wohl erkennt das Berufungsgericht, daß es der *BGH* stets abgelehnt hat, ein festes Zahlenverhältnis zwischen der Komplikationsdichte und der ärztlichen Hinweispflicht aufzustellen. Trotzdem mißt es einem solchen Verhältnis eine ihm nicht zukommende Bedeutung bei. Dies zeigt sich schon in seinem Ausgehen von *Schwalms* Vorschlag (*Roemer-Schwalm*, Aufklärungspflicht, S. 25), von typischen und daher die Aufklärungspflicht begründenden Komplikationen regelmäßig erst bei einer Häufigkeit von 10% zu sprechen und diesen Satz je nach den Umständen zu unterschreiten. Dieser Standpunkt ist von der höchstrichterlichen Rechtsprechung nie gebilligt worden. Wenn etwa in einem von 20 Fällen erhebliche Komplikationen auftreten — und *erhebliche* Komplikationen stehen bei der Frage der Aufklärung im Vordergrund — ist es regelmäßig nicht Sache des Arztes, sondern des Patienten, über die Eingehung eines solchen Risikos zu entscheiden. Es wird auf eine Aufklärung allerdings verzichtet werden können, wenn ihr ausnahmsweise zwingende *therapeutische* Erwägungen entgegenstehen oder die Behandlungsgefahr aus der auch dem Laien verständlichen Schwere des Eingriffs in Verbindung mit seiner vitalen Indikation ohnehin ersichtlich ist. Diese Gesichtspunkte schieden im vorliegenden Falle jedoch aus.

Auch die Zweifel des Berufungsgerichts, ob unterhalb einer Komplikationsdichte von 1% eine Aufklärung überhaupt erforderlich werden könne, sind demnach nicht gerechtfertigt. Nach der im Berufungsurteil herangezogenen Rechtsprechung des *BGH* kann von einer Aufklärung über mögliche Zwischenfälle regelmäßig nur abgesehen werden, wenn diese Möglichkeit bei einem verständigen Menschen für seinen Entschluß, in die Behandlung einzuwilligen, ernsthaft nicht ins Gewicht fallen kann. Auch bei geringer Wahrscheinlichkeit schädlicher Folgen des Eingriffs kommt daher eine Aufklärung über diese Folgen um so eher in Betracht, je weniger der mit dem Eingriff bezweckte Erfolg einem vernünftigen Menschen dringlich und geboten erscheinen muß. Es ist beispielsweise nicht selbstverständlich, daß ein verständiger Patient bereit ist, wegen einer unbedeutenden kosmetischen Operation die Gefahr eines *tödlichen* Ausgangs in Kauf zu nehmen, auch wenn dieser nur einem unter 500 oder gar 1000 Patienten droht. Jedenfalls ist der Arzt nicht befugt, dem Patienten ein solche Entscheidung vorzuenthalten.

Im vorliegenden Falle war nur eine leichte, vorwiegend kosmetische Beeinträchtigung zu beheben. Dazu standen auch andere, wenngleich nach Feststellung des Berufungsgerichts weniger erfolgssichere Behandlungsmethoden zur Verfügung, die nach schon damals von vielen Ärzten vertretener Ansicht jedenfalls zuerst zu versuchen waren. Schließlich bestand bei der Art der Erkrankung die ernstliche Möglichkeit einer Spontanheilung. Bei dieser Sachlage war der Entschluß zur Röntgentherapie bei der festgestellten Dichte von hinreichend schwerwiegenden Komplikationen nicht selbstverständlich. Es kam noch hinzu, daß die Klägerin durch die Behandlung jedenfalls auf längere Zeit genötigt wurde, die bestrahlte Hand eben zur *Vermeidung* von Komplikationen in sehr lästiger Weise vor einer großen Zahl alltäglicher Reize zu schützen. Auch hierüber hätte der Beklagte schon *vor* Durchführung dieser Art der Behandlung aufklären müssen.

Dem Berufungsgericht kann schließlich nicht gefolgt werden, soweit es unter Berufung auf das Urteil des erkennenden Senats vom 5. 12. 1958 ... eine Einwilligung und damit auch die nach obigem erforderliche Aufklärung der *Eltern* der Klägerin für entbehrlich gehalten hat. In der genannten Entscheidung ist zwar ausgesprochen, daß die Bestimmung über die eigene körperliche Unversehrtheit nicht in den Bereich rechtsgeschäftlicher Willenserklärungen fällt und daher, entsprechende geistige Entwicklung und sittliche Reife vorausgesetzt, auch von

Anhang

einem noch nicht voll Geschäftsfähigen getroffen werden kann mit der Wirkung, daß ein von ihm gebilligter kunstgerechter Heileingriff nicht rechtswidrig ist. Die Entscheidung hebt aber hervor, daß dort der Minderjährige kurz vor Vollendung des 21. Lebensjahres stand und läßt überdies offen, ob anders zu urteilen gewesen wäre, wenn im gegebenen Fall der Einholung der elterlichen Zustimmung nicht schwerwiegende Hindernisse entgegengestanden hätten. Zwischen Minderjährigen im 21. und solchen im 17. Lebensjahr bestehen aber in bezug auf geistige Entwicklung und allgemeine Reife regelmäßig erhebliche Unterschiede. Während für *jene* eine Gleichstellung mit Erwachsenen heute im politischen Bereich teilweise vollzogen ist und in privatrechtlicher Hinsicht erwogen wird, sind *diese* nach kaum umstrittener Auffassung im rechtlichen Bereich einer gesetzlichen Vertretung bedürftig bzw. für ihr Verhalten rechtlich nur bedingt verantwortlich. Daß diese Auffassung der Rechtsordnung allgemein zugrunde liegt, ergibt sich auch aus dem Institut der Personensorge, deren Minderjährige jedenfalls unter 18 Jahren auch heute allgemein zu ihrem persönlichen Schutz für bedürftig erachtet werden. Es ist daher davon auszugehen, daß ein Minderjähriger im damaligen Alter der Klägerin auch außerhalb des rechtsgeschäftlichen Bereichs bei wichtigen Entscheidungen der Unterstützung durch die vom Gesetz als überlegen vorgestellte Einsichts- und Urteilsfähigkeit der Eltern oder gesetzlichen Vertreter bedarf und diese daher auch beanspruchen kann.

Die Einwilligung des Jugendlichen auf Grund einer nur an ihn gerichteten Aufklärung (auch daran fehlte es indessen hier) kann deshalb bei einerseits aufschiebbaren, andererseits nicht unwichtigen Entscheidungen über eine ärztliche Behandlung nicht genügen. Das Berufungsgericht hat dies verkannt, weil es das Gewicht der von der Klägerin geforderten Entscheidung unrichtig beurteilt. Es hätte vor allem beachten müssen, daß in diesem Lebensalter die Zurückhaltung vor einer schmerzlosen und als folgenlos vorgestellten Behandlung nicht durch hinreichend kritische Bedenken gestützt wird, und daß gerade ein junges *Mädchen* dieses Alters erfahrungsgemäß einer kosmetische Verbesserungen versprechende Maßnahmen eher unbedenklich zuzustimmen neigt.

BGH, Urt. v. 16. 11. 1971 — VI ZR 76/70 — NJW 1972, 335ff. (336/337)

8. Beweislastverteilung

Die Verteilung der Beweisführungs- wie der Beweislast im Arzthaftungsprozeß begegnet besonderen praktischen Schwierigkeiten. Sie entspringen der typischen Situation der Parteien eines solchen Verfahrens. Sie führt von der Sache her insbesondere dazu, daß sich der Patient wegen der tatsächlichen Gegebenheiten einer Heilbehandlung üblicherweise erheblichen Schwierigkeiten in seiner Beweisführung ausgesetzt sieht; dies schlägt typischerweise zum Vorteil des Arztes oder des Krankenhausträgers aus. Diese typische Situation wird noch dadurch verschärft, daß im Bereich der vertraglichen Haftung nach Auffassung der Rechtsprechung, die im Schrifttum nicht unumstritten ist, die gesetzliche Beweislastregel des § 282 BGB in Arzthaftungsprozeß nicht anzuwenden sei. Bei dieser „Eigenart des Arzthaftungsprozesses" muß es verfassungsrechtlichen Bedenken begegnen, die Beweislast für ein bestimmtes Vorbringen generell einer Seite aufzubürden, die von der typischen Art der Fallkonstellation her in der Regel nicht in der Lage sein kann, den erforderlichen Beweis zu erbringen. Diese im Hinblick auf die bestehenden Möglichkeiten der Beweisführung typische Situation der Parteien im Arzthaftungsprozeß hat die Rechtsprechung schon frühzeitig erkannt und im Bereich des haftungsbegründenden Ursachenzusammenhangs auf verschiedene Weise durch Beweiserleichterungen bis hin zur Beweislastumkehr auszugleichen versucht. Damit ist insbesondere von der Rechtsprechung ein Instrumentarium geschaffen worden, das auch im Arzthaftungsprozeß in beweisrechtlicher Hinsicht ein faires Verfahren, eine „gerechte Interessenabwägung" ermöglicht. Erforderlich ist hierzu freilich, daß die Gerichte von den entwickelten Möglichkeiten in rechter Weise Gebrauch machen. Ein solcher Gebrauch setzt voraus, daß die Gerichte sich im jeweiligen Einzelfall die typische beweisrechtliche Stellung der Parteien und mithin die beweisrechtliche Grundproblematik bewußt machen, und ihre hieraus resultierende Verpflichtung, im konkreten Fall insgesamt gesehen für eine faire, zumutbare Handhabung des Beweisrechts Sorge zu tragen, nicht aus den Augen verlieren. Dies will nicht besagen, daß Beweislastnormen nicht generell im voraus bestimmt, sondern in jeder Prozeßlage erst neu zu erstellen wären; wohl aber bedeutet es, daß auch die Auswirkungen beweisrechtlicher Teilerkenntnisse — sowohl einzeln als auch gerade in ihrem Zusammenwirken — auf die Gesamtentscheidung zu berücksichtigen sind; es muß von Mal zu Mal geprüft werden, ob dem Patienten „nach allem die regelmäßige Beweislastverteilung noch zugemutet werden darf". Die genannte Verpflichtung ergibt sich unmittelbar aus dem verfassungsrechtlichen Erfordernis eines gehörigen, fairen Gerichtsverfahrens, insbesondere aus dem Gebot der „Waffengleichheit im Prozeß" (vgl. *BGH*, NJW. 1978, 1682) und dem Erfordernis der „Rechtsanwendungsgleichheit". Sie ist damit jedenfalls auch eine verfassungsrechtliche Verpflichtung, deren Beachtung zu überprüfen dem *BVerfG* obliegt. Ob hingegen ein Gericht bei dem Bestreben, dieser verfassungsrechtlichen Verpflichtung im Einzelfall nachzukommen, die im konkreten Fall gegebene beweisrechtliche Situation der Parteien in tatsächlicher Hinsicht richtig eingeschätzt oder alle sonstigen verfahrensrechtlichen Bestimmungen beachtet hat, wird — als Anwendung einfachen Rechts — durch das *BVerfG* auf Verfassungsbeschwerde hin grundsätzlich nicht überprüft.

BVerfG, Beschl. v. 25. 7. 1979 — 2 BvR 878/74 — NJW 1979, 1925ff. (1925/1926)
(Auszug aus der die Entscheidung nicht tragenden Meinung von 4 Verfassungsrichtern)

Der *Senat* hat schon in seinem Urteil vom 14. 3. 1978 betont, die Beweislastverteilung im Arztfehlerprozeß dürfe nicht außer acht lassen, daß es hier spezifische Beweisnöte auf beiden Seiten gibt. Auf der einen Seite stehe die Beweisnot des Patienten, der grundsätzlich einen Fehler des Arztes zu beweisen habe, dem aber ein Einblick in das Tun des Arztes nur begrenzt, häufig, etwa infolge Narkotisierung, gar nicht, möglich sei. Andererseits stehe der Arzt vor der Schwierigkeit, daß Zwischenfälle, die in der Regel auf ärztliches Fehlverhalten hindeuten, ausnahmsweise auch infolge der Unberechenbarkeit des lebenden Organismus schicksalhaft eintreten könnten. Hieran hält der *Senat* fest. Daher muß es bei der grundsätzlichen Beweislast des Patienten verbleiben, vor allem kann entgegen den Ausführungen der Revision die Regel des § 282 BGB nicht angewandt werden. Zwar hat dies die den Beschluß des *BVerfG* vom 25. 7. 1979 nicht tragende Meinung sogar für verfassungsrechtlich bedenklich gehalten. Indes sind die dafür von ihr angeführten Gründe nicht überzeugend. Mit vollem Recht weist die diesen Beschluß tragende Begründung darauf hin, daß das auf die Arzthaftung anzuwendende Beweisrecht die verschiedenartige Interessenlage im Arzthaf-

Anhang

tungsprozeß berücksichtigen muß, nämlich einerseits „die erhebliche Gefahrneigung ärztlicher Tätigkeit" und andererseits „die besondere, oft schwierige prozessuale Situation des Patienten", und daß die Rechtsprechung dazu bereits „sachgerechte, dem Interessen- und Härteausgleich dienende Beweisregeln" entwickelt hat... Die daraus für den Patienten resultierende ungünstige Beweislage rechtfertigt sich aus der Erwägung, daß das krankheitsbedingte Eingriffsrisiko mit seinen dem lebenden Organismus eigenen Unberechenbarkeiten zunächst aus seiner Sphäre kommt. Ein beweisrechtliches Gleichgewicht zwischen Arzt und Patient läßt sich nur dadurch anstreben, daß an die Dokumentationspflicht des Arztes keine zu geringen Anforderungen gestellt werden... und daß dem Patienten bei Operateuren mit ungenügender Erfahrung oder auffällig hoher Zwischenfallsfrequenz Beweiserleichterungen gewährt werden.

BGH, Urt. v. 22. 1. 1980 — VI ZR 263/78 — NJW 1980, 133

Soweit eine vorzeitige Entlassung des Patienten *deswegen* bedenklich war, weil Komplikationen des Herz- und Kreislaufsystems zu befürchten waren, hat sich ein etwaiges Versäumnis des Erstbekl. nicht ausgewirkt. Solche Komplikationen sind bei dem Patienten nach dem diagnostischen Eingriff gerade nicht aufgetreten. Es muß also jedenfalls nach den bisherigen Feststellungen davon ausgegangen werden, daß sich dasjenige Risiko, dem der Erstbekl. zur Vermeidung des Vorwurfs eines *schweren* Behandlungsfehlers vorzubeugen hatte, bei der ihm zu Last gelegten Fehlentscheidung (vorzeitige Entlassung des Patienten) nicht verwirklicht hat. Verwirklicht hat sich nur das statistisch seltenere und bei gewöhnlichem Verlauf auch weniger schwere Risiko einer Infektion der eingetretenen Art. Auch dieses weniger schwerwiegende Risiko mochte es aus der maßgeblichen damaligen Sicht für den Erstbekl. geboten erscheinen lassen, dem Patienten entweder die erbetene frühe Entlassung abzuschlagen oder doch den Hausarzt auf die Möglichkeit der später verwirklichten Komplikation hinzuweisen. Daß sich aber auch unter diesem Gesichtspunkt die dem Erstbekl. zur Last gelegte Fehlentscheidung als *schwere* darstellt, läßt sich derzeit aus den tatrichterlichen Feststellungen nicht entnehmen.
Dann aber kann eine Interessenlage, die die teilweise oder volle Überbürdung der Beweislast hinsichtlich des Ursachenzusammenhangs rechtfertigt, nicht bejaht werden. Diese Beweiserleichterung findet ihre Rechtfertigung darin, daß es angesichts der besonderen Schwierigkeiten, den Zusammenhang zwischen ärztlichem Handeln oder Unterlassen und dessen Auswirkung auf den menschlichen Organismus im Einzelfall festzustellen, billig erscheint, den Patienten dann von der ihm andernfalls obliegenden, aber zuweilen kaum zu erfüllenden Beweispflicht zu entlasten, wenn dem behandelnden Arzt ein grober Behandlungsfehler unterlaufen ist, der generell geeignet war, den schädlichen Erfolg bei dem Patienten herbeizuführen. Für diese Billigkeitserwägungen bleibt aber kaum Raum, wenn feststeht, daß nicht die dem Arzt zum groben Fehler gereichende Verkennung eines Risikos schadenursächlich geworden sein kann, sondern allenfalls ein in derselben Behandlungsentscheidung zum Ausdruck gekommener, aber nicht schwerwiegender Verstoß gegen weitere ärztliche Sorgfaltspflichten.

BGH, Vrt. v. 16. 6. 1981 — VI ZR 38/80 — Vers.R 1981, 954f. (955/956)

9. Haftungsausschluß

Die Bekl. können sich nicht mit Erfolg auf die Haftungsbeschränkung in der Krankenhausbestimmungen berufen, wonach die Bekl. zu 1 und ihre Bediensteten gegenüber Kranken nur für Vorsatz und grobe Fahrlässigkeit einzustehen haben... Einer solchen Haftungsbeschränkung muß jedenfalls insoweit, als sie Behandlungs- und Aufklärungsfehler betrifft, die Anerkennung versagt werden, weil sie den guten Sitten und den Grundsätzen von Treu und Glauben — §§ 138, 242 BGB — widersprechen würde. Schon die Tatsache, daß die Bekl. zu 1 als Krankenhausträgerin in vielen medizinischen Bereichen eine gewisse Monopolstellung nicht nur im Verhältnis zu ihren Einwohnern, sondern auch darüber hinaus innehat, läßt eine Abweichung von der im Gesetz vorgesehenen Haftung für jede Fahrlässigkeit als untragbar erscheinen. Hinzu kommt, daß anders als in Handel und Gewerbe, wo es im allgemeinen nur um Vermögensinteressen geht, im Verhältnis zwischen den Patienten auf der einen und dem Arzt bzw. Krankenhaus auf der anderen Seite höherwertige Rechtsgüter, nämlich Leben und Gesundheit, auf dem Spiele stehen. Schon die leichteste Fahrlässigkeit des Arztes kann für den Patienten unabsehbare Folgen haben. Eine Beschränkung der Haftung auf grobe Fahrlässigkeit kann dem Patienten, der im Krankheits- oder Unglücksfall keine andere Wahl hat, als ärztliche Hilfe in Anspruch zu nehmen, nicht zugemutet werden. Hingegen ist den Krankenhausträgern und Ärzten der Abschluß einer die Folgen auch leichter Fahrlässigkeit deckenden Haftpflichtversicherung durchaus zuzumuten.

OLG Stuttgart, Urt. v. 7. 12. 1977 — 1 U 46/77 — NJW 1979, 2355f. (2356)

8. Stichwortverzeichnis

Alternative Behandlungsmethoden	51
Amtshaftung	39, 40
Angehörige	34
Anspruchskonkurrenz	16
anwaltliche Vertretung	84
Arbeitsteilung	58 ff.
– bei Operationen	59, 60
– Aufklärung	61
ärztlicher Eingriff	33
Aufklärungsformular	55
Aufklärungspflicht	22, 23, 48 ff., 61
Aufklärungsverzicht	53
Behandlungsfehler	35, 36
Behandlungsvertrag	15, 17
Belegarzt	21
Beschlagnahme von Krankenunterlagen	74
Beweiserleichterung	65, 90 ff.
Beweislastumkehr	63, 66, 90 ff.
Beweislastverteilung	87 ff.
Beweissicherung	55
Bundespflegesatzverordnung	20, 21
Chefarzt	20, 21, 27, 37, 56
Delegation an Hilfspersonal	39, 56, 65
Diagnoseaufklärung	50
Dienstvertrag	18
Dokumentationspflicht	23, 65 ff., 71
Einsichtnahme in Krankenunterlagen	70 ff.
Einsichtsfähigkeit	33, 54
Einstellung eines Ermittlungsverfahrens	75, 76
Entlastungsbeweis	38
Erfüllungsgehilfe	27, 28
Erhebung der Anklage	77, 78
Eröffnung des Hauptverfahrens	77

Stichwortverzeichnis

Fachliteratur	25
Fahrlässigkeit	13, 24
Fortbildung	25, 36
gefahrgeneigte Tätigkeit	24
Gefährdungshaftung	94ff.
Geisteskrankheit/-schwäche	34
Geldrenten	42
Gerätesicherheit	39
Gerätesicherheitsgesetz	39, 64
Gesamtschuldner	30, 43, 44
Geschäftsfähigkeit	33
Geschäftsführung ohne Auftrag	18, 19, 34
Gutachterkommissionen	9, 10, 79ff.
Haftungsbeschränkungen	26
Haftungsgrundlagen	22
Haftungsschuldner	19
Heileingriff	11
Herausgabe von Krankenunterlagen	70ff.
immaterieller Schaden	29
interdisziplinäre Zusammenarbeit	59
Kassenpatient	17, 18
Kausalität	23, 28, 76
Körperverletzung	11, 12
Konsiliararzt	28
Krankenhausaufnahmevertrag	19
– totaler	20
– gespaltener	21
– mit Arztzusatzvertrag	21
materieller Schaden	29
Minderjähriger	33, 54
Naturalherstellung	29

Stichwortverzeichnis

Operationserweiterung	53
Organisation der Aufklärung	57, 61
Organisationsverschulden	55 ff.
Patientenversicherung	96 ff.
Pflegerbestellung	34
positive Vertragsverletzung	22
Produzentenhaftung	39, 62
rechtfertigender Notstand	55
Reformvorstellungen	93 ff.
Regelleistungspatient	20
Risikoaufklärung	51, 52
Rückgriffshaftung	41
Sachverständigengutachten	75, 77, 84, 85
Schadensumfang	28, 29, 42, 43
Schlichtungsstellen	9, 10, 79 ff.
Schmerzensgeld	29, 43
Schuldbekenntnis	68, 69
Schulmedizin	25
Sicherungsaufklärung	53, 54
Sorgfaltspflicht	22
staatsanwaltl. Ermittlungsverfahren	72 ff.
Staatshaftungsgesetz	19, 39
Sterilisation	35
Strafmaß	78, 79
technische Mängel	36, 62 ff.
therapeutisches Privileg	50
Tötung	11
Übergang von Ansprüchen	29, 30
Unterhaltsansprüche	42, 43
Unterlassen	13
unterlassene Hilfeleistung	14
verfassungsmäßig berufener Vertreter	26, 27, 37
Verjährung	31, 44

Stichwortverzeichnis

Verrichtungsgehilfe	37
Verschulden	24
Vertreter	28
Vormundschaftsgericht	55
Vorsatz	24
Wahlleistungspatient	20
Werkvertrag	18
Zeitpunkt der Aufklärung	53
Zivilrecht	12, 14

Notizen